COMTE DE VILLIERS
DE L'ISLE-ADAM

ISIS

Roman

Librairie
Internationale

MCM

ISIS

*Cet ouvrage a été tiré à
dix exemplaires sur papier de Hollande.*

Comte A. de Villiers de l'Isle=Adam

ISIS

« Eritis sicut Dii.... »
Le Sepher.

LIBRAIRIE INTERNATIONALE

PARIS, PLACE ST-MICHEL, 4
BRUXELLES, RUE ROYALE, 15

A Monsieur
Hyacinthe du Pontavice de Heussey,

Permettez-moi, Monsieur et bien cher ami, de vous offrir cette étude en souvenir des sentiments de sympathie et d'admiration que vous m'avez inspirés.

« Isis » est le titre d'un ensemble d'ouvrages qui paraîtront, si je dois l'espérer, à de courts intervalles : c'est la formule collective d'une série de romans philosophiques ; c'est l'X d'un problème et d'un idéal ; c'est le grand inconnu. L'œuvre se définira d'elle-même, une fois achevée.

Croyez, en attendant, que je suis heureux d'inscrire votre nom sur sa première page.

A. de Villiers de l'Isle-Adam.

Paris, 2 juillet 1862.

PROLÉGOMÈNES

I.

TULLIA FABRIANA

« Tout semble annoncer que le siècle actuel est appelé à voir les luttes les plus ardentes et les plus décisives qui se soient jamais livrées sur les plus grands intérêts dont l'homme ait droit de se préoccuper ici-bas. »

Dom GUÉRANGER.

CHAPITRE PREMIER.

Italie.

Il y avait eu soirée au palais Pitti.

La duchesse d'Esperia, belle dame de la plus gracieuse distinction, avait présenté à tout Florence le comte de Strally-d'Anthas.

Il annonçait de dix-huit à vingt ans au plus. Il voyageait et venait d'Allemagne. Sa mère était de l'une des plus illustres maisons d'Italie ; on le savait. Il se trouvait donc allié aux plus hautes noblesses du pays ; la duchesse était même un peu sa cousine ; qu'il fût présenté par elle, ne souffrait aucune difficulté.

Le prince Forsiani, nommé, depuis la veille, ambassadeur de Toscane en Sicile, avait paru s'intéresser à lui. C'était un vieux courtisan, fin et froid, mais solidement estimé de tous. Dans la mesure de l'indifférence du monde, il était assez aimé. Le jeune homme, après les respectueuses formules d'usage, s'était assis devant une table d'échecs, vis-à-vis de lord Seymour, et le cercle d'amateurs et d'ennuyés marquants avait environné cette partie. On dansait dans les autres salons. Des demi-paroles furent échangées touchant la conduite de ce jeune Allemand, qui jouait, au lieu de danser, selon son âge.

Divers courants d'idées remuèrent bientôt, dans le vague, autour du prince Forsiani, de la duchesse et de M. de Strally, dont la belle physionomie fut commentée. Ce qui fit sensation, ce fut la présentation du jeune homme au nonce-légat (qui daigna survenir vers les onze heures) par le duc d'Esperia lui-même.

Son Éminence avait été fort gracieuse durant

cette cérémonie : on était recommandé, cela se devinait. — Mais pourquoi l'empressement du duc d'Esperia ? N'était-il pas sur l'âge ? — Une vieille dame, à petit comité, s'avisa d'insinuer, entre un sourire et une glace, que l'ambassadeur avait divinement connu la comtesse de Strally, du temps qu'elle habitait Florence, autrefois, — avant son mariage avec le margrave d'Anthas. Cela se dit, en italien. Une deuxième dame, également sur le retour, jugea naïf d'observer que le prince n'était point marié. Ces paroles comportaient une somme d'hésitations si profonde, que nul ne poursuivit. Quant au jeune homme, il continua la partie, simplement.

Rien de significatif ne fut avancé, comme de raison, après ce peu de mots.

Dans la soirée, il y eut encore deux fragments d'entretien, assez dignes de remarque, pour ce qu'ils devaient sous-entendre. Le nonce et la duchesse d'Esperia causaient seuls, d'une voix polie, depuis une minute :

— Et Votre Eminence y est allée? disait la duchesse.

— Oh! je suis sûr qu'*Elle* n'était pas au palais, répondit le nonce. Toutefois, comme il serait très utile d'obtenir un auxiliaire de cette valeur, je laisserai peut-être un billet, samedi, dans le cas d'une nouvelle absence.

— C'est bien excessif, monseigneur.

Un sourire italien glissa faiblement sur les lèvres de Son Eminence, qui s'éloigna dans un léger salut.

Le prince Forsiani revenait.

Sur un regard indifférent de la duchesse d'Esperia :

— Je pars pour Naples demain dans la nuit, répondit-il d'un air affable, mais d'une voix pressée et très basse. Je prendrai Wilhelm aux Casines, vers neuf heures du soir. L'entrevue est fixée à dix heures.

— Fixée !... Vous l'avez donc vue, cette belle invisible ?

— Dans le salon ducal, il y a dix minutes.

Elle était seule avec Son Altesse royale et l'envoyé persan. Peu de secondes après, elle accepta ma main jusqu'à sa voiture. — Quelques mots ont suffi.

Plusieurs cavaliers, de belles personnes brillantes et satisfaites intervinrent. On en resta là, sur le mystérieux sujet. Il y eut de cérémonieuses félicitations, et vers deux heures et demie du matin l'on se sépara. Le bruit des voitures diminua, la nuit redevint silencieuse sur Florence.

CHAPITRE II.

Celui qui devait venir.

Le lendemain, vers neuf heures du soir, le prince Forsiani marchait dans une allée des Casines.

Aujourd'hui, les Casines sont les Champs-Élysées de Florence. On y rencontre des statues cachées dans de vastes murailles de verdure, des animaux rares, de grands arbres taillés et des étrangers de tous les pays. Le château des grands-ducs de Toscane ne date que de 1787. En 1788, époque où nous sommes, il y avait des décombres, des veilleurs armés, des statues clair-semées, et des fanaux bariolés de rouge et de bleu dans le goût vénitien, allumés de distance en distance dans les massifs. D'ailleurs, grand isolement.

Le prince Forsiani marchait dans l'ombre : une bouffée de brise passa dans les feuilles ; il jeta un regard autour de lui ; certes, il était bien seul.

— Enfin ! dit-il avec un soupir, laissons cela.

Dans le carrefour de la grande allée, une lanterne posée sur un amas de pierres éclaira sa figure.

Peu d'instants après, un nouvel arrivant, dont le grand manteau de velours noir se lustrait aux reflets des fallots, s'approchait de lui. Quand l'inconnu fut devant le prince, il ôta sa toque et le salua d'un geste gracieux.

— Bonsoir, mon cher Wilhelm ! fit le prince en lui tendant la main.

Et son manteau écarté laissa voir de riches

vêtements et les belles proportions d'une haute stature. Des cordons brillaient sur sa poitrine et se rattachaient au ceinturon de son épée. Son visage noble et fier, que les symptômes de la vieillesse prochaine rehaussaient de gravité, paraissait empreint de mélancolie.

Pour Wilhelm, c'était un splendide jeune homme, ayant de longs cheveux bouclés et noirs, un air de douceur et d'insouciance, un teint pâle et de beaux yeux.

— Bonsoir, monseigneur ! dit-il, pardonnez-moi de ne pas être le premier au rendez-vous, je devais à ma qualité d'étranger de m'égarer en chemin.

— Votre bras.

Ils prirent le milieu de l'allée.

— Notre belle Gemma vous a-t-elle parlé de cette personne à laquelle je dois vous présenter dans une heure ? continua Forsiani.

— La duchesse d'Esperia m'a dit que Votre Altesse pouvait seule...

— Bien. Mais voyons ! D'après ce que vous

en avez entendu, quelle idée vous faites-vous à ce sujet ?

— De la marquise Tullia Fabriana ?

— Oui, dit le prince.

Le jeune homme hésita, et répondit :

— Je me représente une femme dont les actions et les paroles commandent le respect, et qui, cependant, laisse une arrière-pensée qui ne satisfait pas.

— Ah ! fit le prince.

Et il regarda quelque temps Wilhelm d'un air songeur. Il faisait une demi-obscurité, des ténèbres bleues ; les deux promeneurs se voyaient parfaitement sous les arbres.

— Mon cher enfant, dit-il, vous arrivez de votre manoir d'Allemagne ; vous avez dix-sept ans ; vous savez beaucoup, et le vieux Walter est un précepteur de génie. Vous êtes seul au monde. Vous vous nommez le comte Karl-Wilhelm-Ethelbert de Strally-d'Anthas : vous descendez des Strally-d'Anthas de Hongrie par votre père, et des Tiepoli de Venise par votre mère ; deux princes et un doge : c'est au mieux. Vous êtes riche du majorat de votre aïeul ; vous êtes brave ; vous êtes fort ; vous êtes beau comme un de ces soirs italiens, par lesquels de belles dames ne dédaignent pas de commettre un joli rêve ; vous arrivez en pleine Italie, à Florence, tenter une fortune de puissance et de gloire ; vous avez le bonheur d'être le cousin, bien plus, le protégé de la duchesse d'Esperia. Vous m'êtes recommandé par le souvenir de votre bonne et sainte mère ; enfin, vous n'avez qu'à vous montrer pour résumer à un âge, où le commun des hommes n'est pas visible, ce que cinquante ans de luttes et de labeurs accablants ne peuvent donner. Vous avez la jeunesse ! Vous pouvez tout demander, tout obtenir, peut-être. Vous vous y prenez d'assez bonne heure pour monter vite au sommet d'une ambition justifiée. Eh bien, moi qui suis prince, et qui ne parais pas avoir trop à me plaindre de ce monde où vous entrez, je vous eusse dit, si, d'après une vingtaine de paroles, je n'avais pas trouvé dans votre nature quelque chose de solide et d'inné, je vous eusse dit : Retournez dans votre manoir, épousez quelque jeune fille vertueuse et simple, bénissez le Dieu qui vous a fait ce loisir ; aimez, rêvez, chantez, chassez, dormez, faites un peu de bien autour de vous, et surtout n'oubliez pas de secouer la poussière de vos bottes, sur la frontière, de crainte d'en empoisonner vos forêts, vos montagnes et votre vie.

Comprenez-vous ?

— Ne voulez-vous pas m'effrayer, monseigneur? dit Wilhelm, assez interdit de cette conclusion. En admettant que je risque la vie, je suis seul au monde.

Il y eut un moment de silence.

— Et puis, on ne meurt qu'une fois ! ajouta le jeune homme avec insouciance.

— Vous croyez ? dit le prince. A votre âge les mots n'ont qu'un sens vague, et plus tard, lorsqu'on en voit la profondeur, le cœur se sert de stupeur et de dégoût. Vous ignorez les froides et cruelles bassesses, les trahisons envenimées et leurs milliers de complications aboutissant à l'ennui quotidien ; les amitiés envieuses, haineuses et souriantes ; les trames perfides où l'on perd l'amour et la foi, souvent l'honneur et la dignité, sans qu'on sache pourquoi ni comment cela se fait. Ah ! vous êtes heureux ! Laissez aux passions le temps de venir, et vous comprendrez. Vous croyez, vous dont le cœur s'épanouit de bienveillance et de bonté, vous pensez qu'on va s'intéresser à vous ? Dans le monde, on ne s'intéresse qu'à ceux que l'on redoute, et vous trouverez, sous les dehors les plus attrayants, l'indifférence et la méchanceté. Songez que vous allez nuire à beaucoup de personnes, par cela même que vous êtes riche, que vous êtes jeune, que vous êtes noble, c'est-à-dire par toutes les qualités qui semblent devoir vous faire aimer. Au lieu de soleil, nous avons des lustres ; au lieu de visages, des masques ; au lieu de sentiments, des sensations. Vous vous attendez à des hommes, à des femmes, à des jeunes gens ? Ceux qui nient les spectres ne connaissent pas le monde. Mais passons. Vous êtes d'étoffe à résister ; cela suffit.

Le vieux courtisan parlait d'une manière si naturelle, que le jeune homme en tressaillit légèrement.

— Votre Altesse daignera l'avouer, du moins : les deux premiers visages que j'ai rencontrés démentent passablement le tableau qu'elle vient de me faire des autres ; n'est-ce pas de bon augure pour l'avenir ?

— Ne me remerciez pas, Wilhelm ! continua Forsiani. J'ai connu votre mère autrefois, — je vous le dis encore, — et, ne fut-ce pour votre distinction et votre charmant courage, je vous aimerais pour elle. Vous allez être mis, ajouta le prince, en présence d'une femme d'un esprit hors ligne et d'une influence exceptionnelle. Peu de gens la connaissent ; on en parle peu : c'est cependant, j'en suis persuadé, la femme la plus puissante de l'Italie, à cette heure. On essaie de la circonvenir, mais elle cache son âme et sa pensée avec un inviolable talent. Comme elle possède l'intuition des physionomies à un degré, voyez-vous, mon enfant, que l'on n'atteint pas, elle vous définira juste et vite. Soyez devant elle ce que vous êtes ; soyez naïf, soyez simple : elle est au-dessus des autres : donc, elle peut éprouver encore un sentiment humain. Si vous avez le bonheur d'éveiller en elle un mouvement de sympathie, amitié, bienveillance, amour, n'importe, vous n'aurez qu'à vous laisser un peu conduire les yeux bandés, vous arriverez où bon vous semblera. Je lui ai parlé de vous.

— Ah ! dit le comte.

Forsiani le regarda.

— Ce qui m'a surpris, continua-t-il, c'est le regard clair et inaccoutumé dont elle accompagna sa phrase : « Amenez-le moi, » et l'attention inusitée qu'elle parut prendre à ce fait de votre récente arrivée à Florence. Elle avait quelque chose de changé dans le son de sa voix. Je ne lui connaissais pas cette manière, et je fus assez étonné de ce brusque intérêt pour une chose d'importance secondaire. Enfin, je crois qu'elle désire vous voir, et c'est un rare mérite qu'elle vous donne là.

— Est-il possible! s'écria radieusement Wilhelm.

Il avait une question sur les lèvres, mais il n'osa pas interrompre le prince, qui le devina.

— Elle paraît vingt-quatre ans, ajouta Forsiani; elle en a de vingt-six à vingt-sept. Il est difficile de se figurer une femme plus belle. C'est une blonde, avec un teint blanc comme cette statue; des yeux noirs, d'une expression admirable! Vous serez charmé de la merveilleuse distinction de ses traits et de la douceur extraordinaire de sa voix. La simplicité de ses paroles vous semblera d'abord très naturelle et d'un grand laisser-aller; puis, en y regardant de près, vous verrez quelle exactitude mesurée, quelle sûreté d'elle-même elle garde au plus fort de cet apparent laisser-aller. C'est la plus haute supériorité humaine, mon cher enfant ; l'esprit, constamment maître de lui, reste toujours maître des autres. On ne lui a jamais connu ni soupçonné d'amants. Une chose à remarquer, c'est que, malgré les passions qu'elle doit exciter, malgré sa réputation intacte, son âme supérieure, sa grande fortune, sa noblesse et sa beauté, nul ne l'a demandée en mariage, je le crois, — à l'exception d'un seul (qui a été fort poliment éloigné, il est vrai) ; — vous le connaissez, c'est le gentilhomme anglais qui tenait contre vous hier au soir.

— Lord Seymour ?... s'écria Wilhelm.

— Plus bas, cher Wilhelm ; il est inutile qu'on nous entende. Oui, lord Henri Seymour. Que pensez-vous de ce gentilhomme?

— Je me sens moins attiré vers lui que vers tout le monde, je l'avoue, dit naïvement le comte.

— Et c'est à lui que vous vous êtes adressé d'abord, continua le prince... Oui, je crois à de certaines fatalités... — Si vous êtes le bienvenu chez la marquise Fabriana, prenez garde à lord Henri ; c'est un homme à projets fins et violents, malgré sa froideur. Il a diverses façons contenues qui m'ont appris du nouveau sur son caractère. Je regrette de ne pouvoir abandonner, pour veiller sur vous, la mission dont je suis chargé, car je vous aime comme mon enfant, et je crains qu'il vous arrive malheur. Il est heureux que la duchesse Gemma vous ait donné ses bonnes grâces... c'est une femme d'expérience qui m'avertirait... Voici, dans tous les cas, l'adresse d'un homme assez inconnu, qui pourra vous renseigner sur la valeur d'une épée bien maniée. Vous vous présenterez de ma part.

Ils s'arrêtèrent sous les feuillages, éclairés par un fallot. Le prince traça deux lignes à tâtons sur son genou. Wilhelm serra le bout de papier dans son pourpoint. S'il eût été donné à quelqu'un de pouvoir lire dans son âme en ce moment, il y aurait vu l'étonnement le plus profond des paroles et des manières de Forsiani.

— Ah ! c'est que vous me trouvez démasqué, mon cher comte, dit en riant le prince, qui le comprenait. Marchons un peu de ce côté, ajouta-t-il ; voilà neuf heures et demie, et il me reste beaucoup à vous dire encore.

— Monseigneur, que vous êtes bon pour moi ! comme je vous aime !

— Allons, merci ! fit le prince. Je vous avoue, cher enfant, que je ne serais pas fâché de trouver un peu d'amitié sincère avant de mourir.

Et ils reprirent leur promenade sous les grands arbres.

CHAPITRE III.

Promenade nocturne.

— Voici en peu de mots l'histoire de la noblesse assez étrange de Fabriana, continua le prince. Il est bon que vous la connaissiez. Tullia Fabriana descend, par les femmes, des Fabriani vénitiens, dont sa famille a pris le nom, et, par les hommes, des Visconti de Pise, lesquels ne sont liés d'aucune parenté avec ceux de Milan. Les chefs principaux de cette haute maison furent deux jeunes aventuriers, Lamberto et Ubaldo Visconti, qui, par une belle journée de l'an de grâce 1192, je crois, s'ennuyant de vivre inconnus, vinrent, avec une poignée de paysans, conquérir à peu près tout le sud de la Sardaigne. Ce n'est guère plus difficile que cela pour les hommes d'énergie de tous les siècles. Il y a même à ce sujet une petite histoire : le pape Innocent III, prétextant des droits délégués par on ne sait trop qui, ou revendiquant la conquête et l'autorité de deux sujets dont il se préoccupait beaucoup moins la veille, ou faisant durement et simplement de cet admirable fait d'armes une question de scribes et de douanes, réclama d'eux la rémission des villes conquises. Il y eut hésitation. Bref, les Visconti refusèrent. Ce fougueux pontif les excommunia.

Devant ce fait, à pareille époque, ils n'avaient que deux partis à prendre : se soumettre, ou feindre une soumission, et, dans ce dernier cas, revenir en Italie en traînant leurs petites troupes, débarquer sur différents points, marcher la nuit, cerner le Très Saint Père, l'enlever par surprise, incendier le Vatican et en finir en s'instituant et s'affirmant, de leur chef, plénipotentiaires des droits de l'Eglise et souverains d'Italie. Ils ne risquaient rien, étant déjà mis au ban de la dignité humaine par la bulle qui pesait sur eux. Encourir la captivité, la torture et la mort ? De tels soldats ne tiennent pas à se laisser prendre vivants ! Soulever contre eux une demi-douzaine de rois et le clergé d'Europe ? Peut-être. En regardant de près l'histoire de ce temps-là, on se demande s'ils n'auraient pas rencontré plus de partisans que d'ennemis. Mais c'est difficile à oser, même pour les Henri IV d'Allemagne. — Lamberto Visconti se soumit (ces hommes d'épée !) ; ce fut seulement Grégoire VI qui leva l'excommunication. Un ingénieux contrat fut stipulé. Lamberto épousa une certaine Gherardesca, proche parente du pape. Ubaldo, rebelle, créa le judicat des sept villes, là-bas, en Sardaigne, et gouverna. Cela causa deux partis, dont le foyer vint se centraliser à Florence, et voilà l'origine peu connue de cette lutte des Gibelins et des Guelfes. Je vous ai raconté cette histoire non seulement pour vous faire apprécier l'excellence de la noblesse de Tullia Fabriana, mais aussi pour vous indiquer, en passant, comment les coups de main, en apparence les plus dévergondés, deviennent des coups d'État, et finissent par s'accepter, s'enchaîner et se mêler d'une manière à la fois simple et bizarre, avec la fluctuation générale. — Je vous prie, mon cher enfant, de ne point conclure de ceci que je ne suis pas chrétien. Ces circonstances ne touchent le dogme éternel en aucune manière, et, sans vouloir même sous-entendre les Alexandre VI, les Urbain V, les Jules II et le reste, il y en a, vous le savez, de beaucoup moins tolérables dans l'histoire universelle : une croyance qui, malgré tant de scandales, subsiste depuis tant de siècles, et trouve tous les jours des martyrs, prouve par cela qu'elle signifie quelque chose ; et cette bande d'escrocs, loin de servir d'arguments contre elle, démontre la solidité de son trône. Je racontais avec impartialité ; voilà tout.

— Merci, monseigneur, dit Wilhelm.

N'était-ce pas encore un singulier chrétien que M. l'ambassadeur ?

— Outre ces deux hommes de guerre, continua le prince Forsiani, notre marquise compte un bon nombre de noms illustres, inscrits au livre d'or de Venise et sur les annales d'Italie. Elle mène une vie de solitude, reçoit peu et voyage quelquefois. Elle est seule au monde, comme vous, mais depuis sept ou huit ans. Sa mère était une femme très simple. De son vivant, je les ai vues sympathiser. La marquise n'en parle jamais, non plus que de sa famille : elle semble, chose assez surprenante, avoir oublié l'une et l'autre. Je sais qu'elle donne une grande part de sa fortune en aumônes : c'est de la bonté ; mais il y a dans sa vie, peut-être, des secrets moins ordinaires. Je ne la crois pas incapable de grandes actions.

Puisse-t-elle, comme je l'espère, vous prendre en amitié !

Dix heures moins un quart sonnèrent au palais Pitti.

— Maintenant, Wilhelm, je vais vous donner quelques conseils pratiques ; vous les prendrez comme paroles d'un homme qui vous aime, et en qui bien des choses se sont finies. Je pars dans cinq ou six heures : je suis d'un âge où l'on peut douter de revoir ceux que l'on quitte... Il est de nécessité que je vous mette un peu sur vos gardes contre l'existence. En deux mots, voici la manière à suivre, si vous voulez arriver haut et vite, quoiqu'il advienne, et si vous voulez rester digne de votre ambition. Vous ne ressemblez pas à la plupart des jeunes gens de votre âge, sans cela j'eusse commencé par vous dire : « Mon cher comte, je n'ai pas de conseils à vous donner. S'il vous reste assez de santé et de conscience, dans un an d'ici, pour réfléchir sur vous-même et que j'aie le plaisir de vous retrouver encore, j'aurai peu de chose à vous apprendre. Vous aurez acquis, dans cette année d'étourdissements, le regard théorique de l'existence ; mais comme le sens de la vérité sera totalement ébranlé dans votre cœur, je vous souhaiterai du courage. Quant à présent, bien du bonheur et adieu. » J'eusse parlé de la sorte. Vous, mon enfant, je puis vous conseiller. Oh ! je comprends la jeunesse et je ne puis trouver fâcheux de se délasser quelquefois, de se laisser aller à jouir de ses vingt ans. On n'a vingt ans que peu de jours ; mais la vie importante est celle dont les actions ne troublent pas notre dignité, renforcent le sentiment sublime de notre espérance, nous donnent la sérénité intérieure et nous autorisent, par cela même, à prendre confiance dans la mort. C'est de cette existence aux luttes difficiles que je désire vous parler.

Vous allez avoir affaire à des hommes qui s'estiment presque tous capables de changer la face du monde et dont chacun se pense plus que le voisin, ce qui, vu de près, constitue le plus clair de l'apparente égalité universelle. — Si l'on vous trouve jeune, ne dites rien ; mais pesez le résultat social et pratique de l'homme qui vous trouvera jeune, vous serez étonné de voir comme c'est, presque toujours, nul ou infime. N'écoutez pas tous ces gens qui voient les choses de haut ; ils les voient de si haut, qu'ils finissent par ne plus rien distinguer. Ne vous laissez jamais éblouir par leurs affirmations. Décomposez, en pensée, chacun des termes qui les énoncent, et la plupart du temps vous trouverez l'ensemble niais ou naïf. Souvent vous entendrez un homme dire cependant une chose profonde, et vous le verrez divaguer une minute après. Le dernier venu peut dire des choses profondes ! C'est de les unir entre elles qui est difficile. Celui qui le fait, par exemple, est un homme. Si vous avez intérêt dans une discussion à suites sérieuses (n'en faites jamais d'autres) à ce qu'un tel ou un tel ne parle pas longtemps contre vos idées, prenez-le par un petit détail désagréable de sa conduite ou de sa vie privée : ne craignez pas d'entrer là-dedans, sans façon, en maître ; et faites voir des spectacles inattendus en dilatant cet ennuyeux détail : on terrasse des lions avec des riens pareils. Je regrette de ne pas faire cette expérience devant vous, pour vous montrer ce qui en résulte ; mais ceci n'étant qu'une question de tact, vous devez comprendre les mille manières gracieuses dont cela s'entoure. Si vous tenez à ce que votre avis soit accepté, sachez ceci : qu'avoir raison, c'est avoir *plus* raison. Quel but vous proposez-vous ? Amener à vos vues ? Ne commencez donc jamais par blesser autrui d'une dénégation absolue de son avis. Dites ce qu'il dit, et si vous avez l'au-delà, faites-le lui voir. Il y viendra de lui-même ; mais il mourra sur la brèche plutôt que de démordre que vous avez tort, si vous commencez par nier ce qu'il dit. Ne vous emportez donc jamais ! dans aucune circonstance ! Si vous n'êtes plus maître de vos paroles, comment le serez-vous des paroles d'autrui ?

Wilhelm écoutait toutes ces choses simples avec une grande attention. La nuit s'avançait dans le ciel. Le prince continua paisiblement :

— Et puis, comte, il faut avoir de la charité, voyez-vous ; la charité, c'est le respect du prochain. En respectant l'homme, même le plus tombé, vous en ferez votre chien, si vous voulez, tant le sentiment de sa noblesse est élevé chez l'homme. Pour arriver à respecter tout homme ayant agi d'une manière révoltante, il n'y a qu'à se faire ce dilemme : ou cet homme avait une raison pour commettre tel acte misérable, ou il n'en avait pas. S'il n'en avait pas, c'est un fou qu'il faut plaindre et non juger, ni mépriser ; — s'il en avait une, il est bien évident que moi, doué de raison comme lui, également homme, si j'avais été placé dans les mêmes conditions et circonstances que lui, si j'avais été poussé par les mêmes mobiles que lui, j'aurais fait comme lui, puisqu'il a fait cela d'après une raison.

Ne jugez donc jamais l'homme et respectez-le toujours, quoi qu'il ait fait. Jugez seulement *l'action*, parce qu'il faut bien statuer sur quelque chose pour vivre sociable, et passez outre. Essayer de retrouver les mobiles n'est pas possible ; d'ailleurs, c'est inutile et insondable ; c'est d'un autre monde que le nôtre. Il faut respecter l'homme parce qu'on est homme et qu'on doit respecter son humanité dans celle d'autrui.

Quant aux idées d'autrui, c'est une autre affaire. Il ne faut pas tenir à l'admiration ou à l'indifférence de ces gens, dont le blâme et l'estime obéissent aux mêmes mobiles que le flot qui va et vient. Est-ce que cela compte ? Est-ce qu'on s'en occupe ? C'est la poussière de la route ; c'est le vent qui passe. Laissez dire ces personnes qui ne font que réciter des à peu près toute leur vie, en s'imaginant qu'on ne peut pas y avoir songé comme elles. Si vous saviez comme c'est peu de chose, en résultat ! Si vous saviez comme ce qu'elles font est ridicule, pitoyable et méchant ! Tenez, la soirée d'hier vous a semblé toute agréable ; votre présentation au nonce, toute simple ; les bontés de la duchesse d'Espéria, mon amitié, toutes naturelles ? Vous ignorez ce que ces faits ont suscité de pensées viles, de raisonnements abjects, de demi-mots infâmes !... Sous le masque de sérénité, vous ne vous figurez pas ce que je lisais de traductions dans ces petits sourires rampant comme des vipères sur les lèvres de ces beaux jeunes gens et de ces charmantes femmes ! Il m'eût suffi de prononcer deux ou trois paroles élégantes et mesurées pour faire frémir bien des éventails et pour amener le silence et la pâleur sur l'insouciante niaiserie de bien de ces figures, sachant ce que pèse leur insouciance ; mais il faut pardonner à ceux qui ne savent ce qu'ils font. Vous verrez ces galants qui se permettent de railler une noble action, en croyant se la définir, parce qu'ils en aperçoivent un côté à leur taille ! Ils sont prévenants avec les femmes, ils ont du cœur devant le danger, et point d'âme en face du ciel, de la conscience et de la création. — Belles manières, gants parfumés et moustaches fines ! — Tas d'ossements que tout cela !

Prenez deux mois de pauvreté froide pour m'évaluer ces belles dignités ! Comme vous les verriez calculer et commettre de ces bassesses incroyables, sans nom, — pour vivre ? Pas du tout ! Ils agiraient par ennui, fainéantise et lâcheté, pour se procurer le plus petit plaisir. J'ai vu cela tant de fois !... Un homme de bon sens, qui est seul avec deux bons bras et du cœur, ne peut manquer exactement de vivre partout ; mais ces philosophes estiment que le travail est une faiblesse. Grand bien leur fasse !

Croyez-vous qu'une centaine de ces hommes de goût fassent la monnaie d'un paysan, qui aime une brave femme, la bat de temps à autre, élève sa famille, travaille la terre, et daigne prier Dieu ?... Voilà cependant le monde dans toute sa splendeur, mon cher Wilhelm ! eh bien ! ne le méprisez pas. Vous ne pouvez comprendre les forces d'impulsions graduées vers l'infamie, les rouages de la bassesse et du crime, les poussades insensibles qui conduisent là. Ce sont des abîmes ! Plaignez et respectez, malgré tout, si vous voulez voir dans la vie quelque chose... de plus que la vie !...

En un mot, ayez cette charité dont je vous parlais tout à l'heure. Vous m'avez compris, n'est-ce pas ?

— Oh ! cher prince ! Cela met de la glace sur le cœur !

— Oui, c'est assez froid ; mais on s'y habitue. Voici des conseils pour vous, maintenant. Je vous sais modeste, je suis sûr que vous le serez toujours, en paroles, au moins, par cela seul que la modestie est l'orgueil logique. Vous êtes riche, tant mieux ; mais ne faites jamais de dettes, quand même il s'agirait d'un trône, par la simple raison que vous pourriez mourir sans vous être acquitté, que cela s'oublie, et que si vous voulez être sûr de vous-même, il importe que vous soyez prêt à mourir à toute heure, tel que le sort vous a fait, sans rien devoir de plus à personne. C'est de la vraie dignité, cela. —

N'hésitez jamais ; agissez toujours devant l'occasion ; faites n'importe quoi, mais faites quelque chose : tous les événements s'entrevalent, à peu près, pour celui qui en sait trouver le joint et en extraire la valeur réelle : c'est-à-dire, pour celui qui sait découvrir le plus grand nombre de rapports possibles de tel événement avec le but absolu de son existence : les natures à tâtonnements n'arrivent à rien de solide ; agissez donc toujours devant l'occasion en déployant sur elle toutes les ressources de votre présence d'esprit. — Ne vous liez jamais avec personne au point de vous livrer en paroles ; jamais ! cela ne mène à rien qui vaille, et cela diminue la volonté et le respect de son but, quand bien même votre ami serait l'idéal des amis. Croyez, mon cher enfant, qu'il m'a fallu bien souvent l'expérimenter, pour le croire ! Parlez de choses indifférentes, laissez dire, et ne craignez pas de rendre service au premier venu, eussiez-vous été affligé vingt fois de l'avoir fait. — Si vous recevez des avances, et l'on vous en fera, du courage ! Contraignez votre bon cœur ! Recevez-les froidement ; pas de confidences ni d'expansion d'aucun genre, ou vous serez moins estimé demain.

Ah ! cela est dur, à votre âge ; je le sais ; mais il faut choisir entre une destinée obscure ou glorieuse, et, le choix fait, garder une volonté de fer sur laquelle un instant d'oubli ne puisse mordre. Un homme qui risque un avenir pour le divertissement de parler une minute, doute de lui-même à cette minute et par conséquent ne mérite pas de réussir.

Le monde est à l'homme assez concentré, assez maître de sa volonté et de sa pensée, pour agir sans répondre aux autres hommes autre chose que « oui » ou « non » indifféremment, toute sa vie.

Ne craignez pas de vous faire des ennemis, s'il le faut ; — n'a pas d'ennemis qui veut ! Ils servent beaucoup plus que les amis. Les amis ont bien assez de s'occuper d'eux-mêmes : les ennemis s'occupent de vous et vous préparent de quoi exercer votre faculté de vaincre les obstacles. Les obstacles sont aussi nécessaires que le pain. Ne faut-il pas des ennemis à celui qui veut vaincre ? — Quand vous parlerez, continuez à ne pas sourire ni hausser les soucils, enfin à garder un visage sans mobilité autant que possible... (Si je vous dis tout cela, c'est que je vous voudrais parfait, mon cher enfant.) Soyez grave et indifférent. Prononcerait-on les paroles les plus fortes, les plus humaines, les plus profondes, que sembler tenir à les imposer serait s'aliéner maladroitement l'esprit du monde : on paraîtrait vouloir paraître, ce qui tue.

Wilhelm était muet d'attention.

— Ce que je vous dis là vous semble à présent d'une grande simplicité, n'est-ce pas ? vous ne pouvez savoir ce que me coûtent ces conseils. Seulement, Wilhelm, sachez que les sages les plus en renom, prophètes ou demi-dieux, n'ont bouleversé l'univers qu'avec des simplicités de ce genre, parce que ce sont à peu près les seules exactitudes de la vie et qu'on n'y revient (chose réellement mystérieuse) qu'après avoir fait le tour de l'existence.

Ouvrez les quelques livres laissés par les grands hommes, comme ces Bibles, ces Koran, etc., vous y trouverez des ingénuités surprenantes, des choses que vous vous seriez dites cent fois de vous-même : « Aimez-vous les » uns les autres! Ne faites pas à autrui..., etc. » « Il n'est d'autre Dieu que Dieu ! etc. » et mille variantes. Vous vous demanderez alors comment, avec des phrases de cette naïveté, des phrases écrites dans le fond de toutes les consciences, on a pu transfigurer les sociétés humaines et s'ériger en prophète ou en Dieu.

Le penseur ne s'arrête pas à ces paroles ; il les trouve trop simples ; il oublie souvent que la foi n'est pas une conviction, mais un acte: l'acte de s'assimiler le plus d'évidences divines possible, chacun dans le *moment* et suivant la sphère où il se trouve.

Ah! si vous saviez comme une parole, en apparence banale, contient de puissances terribles et marche vite! Voyez : cinq parties composent la terre. Il y a là dedans plus d'un milliard d'hommes, tous très entendus dans leur métier, dans leur détail; par qui est-ce manié, remué, gouverné? Par une centaine de personnages d'une intelligence presque toujours bien ordinaire. La plupart d'entre eux se divertissent très royalement, je vous assure : ce sont leurs seuls milieux de grandeur qui les élèvent; ils le savent, du reste, et en font bon marché intérieurement. Tenez : l'un deux (c'est de l'histoire moderne), après avoir eu plus de cent quatre-vingts millions d'hommes, — entendez-vous ce chiffre? — en partage, à dix-neuf ans; après avoir été le suzerain d'une douzaine de rois, après avoir gagné victoires sur victoires; après avoir été plus grand que César, et avoir possédé pourpre, hermines, sceptres et triples couronnes impériales, s'en alla tourner la soupe de trois ou quatre moines en qualité de frère convers, et laver leurs divers ustensiles de ménage, par humilité. Voyez-vous ce guerrier, ce grand politique, ce fin législateur, ce maître de l'Europe, enfin, le voyez-vous retenant son froc de bure et accomplissant gravement son travail ? Pensez-vous qu'il ne lui fallait pas autant d'intelligence, alors, qu'autrefois pour gagner Tlemcen, Rome, Pavie, Mühlberg, etc. ? et que cela ne valait pas bien ce que faisaient les douze ennuyés de Suétone ?

— Oh ! murmura Wilhelm, c'est vrai !.... C'est effrayant !

— Parce que vous voyez le mot CHARLES et le mot QUINT, et que vous perdez l'homme de vue sous ces deux mots prestigieux. Cela vous passera. Il ne faut jamais oublier le cadavre. Cet individu, comme les autres empereurs ou rois, ne représente cependant que la conséquence d'une parole prononcée depuis des

siècles. Vous voyez ce qu'un mot peut produire.
Un tel ouvre la bouche et articule une idée
quelconque pouvant s'appliquer à un fait général ; cette idée se décompose, s'absorbe et s'assimile d'un milliard de différentes façons par
le milliard de différents cerveaux qui ont un
milliard de manières différentes d'entendre les
mots et de voir les choses. Chacun l'admire en
raison de ce que chacun voit dans son idée
(émise au hasard souvent) et de ce que chacun
peut s'en appliquer d'utile suivant son degré
d'intelligence, relativement aux fonctions qu'il
exerce. Bref, d'un commun accord, l'homme et
son idée finissent par devenir miraculeux, simplement parce que ouvrir la bouche, principe
de l'événement général, est déjà un miracle.
Plus l'idée est simple, plus on peut y dépenser
de l'intelligence ; plus, par conséquent, elle
provoque de méditations et plus on trouvera
de personnes à venir séculairement y tasser
leur somme d'ingénuités. Voilà toute l'histoire,
ni plus ni moins, mon cher comte, croyez bien

cela. Cependant, vous avouerez que s'il n'y avait pas de raison à ce que ce grand rêve s'accomplît, s'il n'avait ni loi ni but, s'il n'y avait rien au fond de toutes choses, enfin, ce serait d'une niaiserie bien mystérieuse !...

N'en concluez donc pas au mépris de l'humanité, mais à la puissance de la parole humaine.

La lune brillait sur les arbres. Ses rayons, à travers le feuillage, éclairaient les deux promeneurs. Wilhelm pouvait se croire en Allemagne. Il se taisait ; il écoutait.

— Quant aux femmes, ajouta le prince Forsiani, je crois inutile de vous faire donner le soleil de plein midi sur une femme du soir, sur une gracieuse personne sortie à dix-huit ans du dortoir, et qui compte huit ou dix ans de services : gardez vos rêves ! Ils valent mieux que la réalité. Seulement, comme je ne tiens pas, en définitive, à vous laisser surprendre, je veux vous mettre en présence d'une femme pour tout de bon, d'une femme que j'estime et que j'admire. Oui, je vous avoue que si je ne vivais pas avec le souvenir d'une autre, souvenir qui remplit mon âme — et qui me suffit, — la marquise Tullia me paraîtrait la seule femme possible pour un homme supérieur. Plus je pense, plus je trouve qu'il y a en elle quelque chose de très élevé ; et si vous la touchez, si elle vous admet dans son intimité, elle vous fera *vivre*, dans la haute acception du mot. Je l'ai toujours vue ce qu'elle est : je la connais depuis une dizaine d'années, ayant été très lié avec son père, le duc Bélial Fabriano (lequel est mort empoisonné chez l'un de ses amis, à cause de haines datant de loin dans la famille). A cette époque, elle était à peu de chose près ce qu'elle est maintenant. Au premier abord, c'est une femme du monde, parfaitement élégante. En y regardant de près, en faisant bien attention, car elle ne se livre jamais, et il faut saisir une nuance pour pressentir cela, tous ses charmants avantages se déforment jusqu'à des proportions tellement indéfinissables, que je veux m'abstenir de qualifier la valeur de son intelligence. Vous serez probablement surpris de ce naturel, et d'un phénomène assez frappant que présente sa conversation, c'est le changement d'aspect dont les actions les plus ordinaires semblent se revêtir lorsqu'elle en parle. Ce que je vais vous dire est peut-être hasardé à force d'être grave et anormal, mais elle a parfois des paroles qui éveillent dans l'esprit on ne sait quelles impressions inconnues..., je ne veux pas dire *oubliées*. Au surplus, vous verrez. Les sentiments humains, pour cet étrange personne, mon cher enfant, sont réduits à un mécanisme sûr et profond qu'elle fait jouer, en souriant, avec autant de précision et de fatalité, que les coups d'une combinaison d'échecs. Une fois elle m'a proposé un conseil, je l'ai suivi ; il a évité une guerre. Il était positivement d'une habileté remarquable, et j'en suis encore à me demander comment elle pouvait être à même de me l'offrir. Somme toute, je n'ai jamais mieux compris que ce soir que je ne savais rien de très précis au sujet de Tullia Fabriana... Vraiment, lorsqu'on songe, il y a du ténébreux dans cette femme !... ajouta le prince, comme se parlant à lui-même. — (Il y eut un moment de silence sur ce mot.) — Mais voilà dix heures qui sonnent, venez. Ne la jugez pas sur ce qu'elle vous dira ce soir : le masque, vous savez. — Avez-vous des chevaux ici près ?

— Oui, monseigneur, dit Wilhelm, de l'air d'un homme éveillé en sursaut.

— Bien, sans quoi je vous eusse amené dans ma voiture. Donnez-moi votre main, — encore ! — Souvenez-vous en temps et lieu de ce que je vous ai dit, et passez-moi ce qu'il y a d'un peu... suprême... dans mes petits conseils, en faveur de ma tendresse pour vous.

— Monseigneur, je n'oublierai jamais cette soirée, dit le jeune homme ; je suis tellement ému que je ne sais comment parler et vous remercier de tout mon cœur.

— Cher enfant !... dit le prince, avec un

long regard pensif, et il murmura bien bas, dans l'ombre : Ah ! belles étoiles des nuits de la jeunesse !... Amours !... Enthousiasmes perdus ! Voici le printemps, cependant les feuilles tombent autour de nous autres... Pauvre espérance humaine ! — Allons ! à cheval !... dit-il tout haut.

— Christian ! appela le comte de Strally.

— Monsieur le comte ? dit un nouveau personnage en accourant auprès des deux promeneurs.

C'était un vieux domestique. Le prince Forsiani le dévisagea d'un coup d'œil et parut content de son ensemble.

— Nos chevaux ! bien vite ! dit le comte.

Quelques minutes après, ils s'arrêtaient devant un de ces grands palais près de l'Arno ; les portes s'ouvrirent comme devant des gens attendus, et ils montèrent les degrés de l'immense escalier de marbre...

CHAPITRE IV.

Premier aspect de Tullia Fabriana.

> « Le solitaire est entouré de tout ce qui agrandit
> » sa raison, l'élève au-dessus de lui-même et lui
> » donne le sentiment de l'immortalité, tandis que
> » l'homme du monde ne vit que d'une vie éphé-
> » mère. Le solitaire trouve dans sa retraite une
> » compensation à tous les vains plaisirs dont il se
> » prive, tandis que l'homme du monde croit tout
> » perdu s'il manque de paraître à une assemblée,
> » néglige un spectacle. »
> (ZIMMERMANN, *la Solitude.*)

En supposant que la femme dont les allures préoccupaient le prince Forsiani fût morte au moment où il en parlait au comte d'Anthas, voici ce qu'il aurait été possible à un observateur de résumer au sujet de l'existence de cette personne, s'il eût désiré lui consacrer une notice biographique à l'usage universel :

« Tullia Fabriana était du nombre de ces grands esprits, types supérieurs, constitués par la précoce expérience des événements, de la méditation et du monde.

» Ceux-là, de bonne heure, avant d'être aperçus, avant d'être entraînés dans le courant, se rendent compte de l'existence et, par conséquent, ont le temps de replier en eux-mêmes leurs grandes ailes pour n'en point porter ombrage aux autres. A force de reconstruire et de sonder les faits, elle s'était dégoûtée de l'action.

» Certes, le renom des femmes glorieuses avait dû rembrunir son beau front plus d'une fois ; mais, à la réflexion, satisfaite de l'état peu dépendant où sa naissance l'avait placée, elle avait pris le parti de vivre dans une concentration égoïste. L'isolement lui suffisait. Elle était parvenue, peu à peu, sans apparente résolution, à voiler sa vie véritable le plus hermétiquement possible.

» L'isolement !... Faveur spéciale du destin ! Privilége dont la prescription est désormais sans appel ! — A qui est-il donné de pouvoir s'isoler aujourd'hui ?

» Les personnes d'une position riche ou d'un rang élevé acquièrent d'autant plus difficilement ce suprême avantage que par les rapports quotidiens de leur existence elles se trouvent être le principe, le point de mire et le pivot des milliers de convoitises et d'intérêts individuels qui vont se groupant, s'enchaînant et s'atténuant jusqu'aux derniers degrés de la hiérarchie sociale. L'humanité se représente en partie autour d'un seul et le cerne avec une vigilance et une opiniâtreté motivées par l'ordre des choses.

» En considérant ces filières d'industries, de tous les siècles et de tous les pays, qui vont s'étiqueter et se subdiviser les unes dans les autres jusqu'au point où le relatif ne se distingue plus, où le dénûment, à l'état parfait et normal, se dresse de partout avec son cortège de tristesses, on s'étonne moins de ce que la parole ou le mouvement d'un seul détermine cette incalculable série de profits et de préjudices. Comme, d'autre part, ces profits et ces préjudices sont d'une importance parfois vitale pour ceux qu'ils intéressent, les hommes de recueillement, de travail et de silence éprouvent de grandes difficultés à éviter les insignifiantes dissipations de paroles et les diffusions de soi-même que le contact d'autrui ne manque jamais d'entraîner.

» Grâce au miraculeux équilibre de presque toutes les sociétés d'Occident, équilibre combiné sur la résultante d'un nombre égal de forces organisantes et de forces contraires, le *mouvement* de chacun, depuis le mendiant jusqu'au prince et depuis le berceau jusqu'à la tombe, peut demeurer prévu, défini et réglé par les différents codes européens. Une pareille réflexion suffirait pour démontrer l'impossibilité d'un isolement durable dans n'importe quelle ville d'Europe. Il faut vivre avec ses semblables ; et cette immense loi, comme un filet de rétiaire, s'enroule autour des personnes précisément en raison des efforts tentés par elles pour s'en dégager. Nul ne peut s'abstraire de cette liaison infinie. Elle va jusqu'à rendre les individus solidaires, à leur insu, les uns des autres ; et ce qui serait de nature à étonner même le chrétien, — si le chrétien ne gardait pas toujours, au fond de sa pensée, des pressentiments de solution pour tous les problèmes, — c'est qu'on ne bronche pas plus souvent, ne fût-ce qu'à cause des mouvements du prochain, et qu'on ne tombe pas, à chaque minute, — de par les inévitables conséquences des moindres actions, et grâce à l'imperfection des codes, — sous le coup d'une flétrissante juridiction correctionnelle. Il est à remarquer, du reste, que peu d'hommes échappent toute leur vie à une atteinte quelconque de la loi. Cette affirmation peut surprendre ; mais dans l'existence la plus retirée et la plus pure, il ne serait peut-être pas impossible, à l'aide d'un minutieux examen, de découvrir au moins une petite tache légale, une trace de démêlé judiciaire. On n'est pas libre de s'éloigner des intérêts universels, si indifférent qu'on puisse être, tout simplement parce qu'on fait partie des intérêts universels. La vertu, la dignité, le bonheur domestique de chaque particulier ne dépendent-ils pas d'un rien, d'un détail, d'un geste? Quel serait l'honnête citadin assez sûr de son tempérament pour oser affirmer que, par exemple, l'excès d'un verre de vin, risqué dans les conditions les plus atténuantes, ne le conduira pas aux bagnes par ses conséquences ?... Le chrétien peut dire que cela tendrait à prouver que notre liberté, notre dignité et notre bonheur réels, ne sont pas de ce monde ; — en attendant, il n'est de réellement libres et de réellement seuls que ceux auxquels il a été donné de franchir, de sommets en sommets, la hiérarchie des idées, parce que ceux-là n'offrent guère de prise aux souhaits violents et s'inquiètent peu des maux ou des joies que leur présente la terre. Ils ne se préoccupent pas outre mesure de vivre ou de mourir : tout se définit tranquillement à leurs yeux ; ils font le bien, selon la plus simple acception du terme, autant qu'il leur est donné de pouvoir le faire, et ne savent ni haïr ni condamner. Les yeux fixés sur l'idéal, il leur est permis de juger, parce qu'ils aiment et qu'ils pardonnent. Ceux-là puisent, dans l'infini de cette expansion intérieure, le principe de l'immortalité. S'ils daignent prendre part à l'agitation universelle, soldats ou penseurs, aux premiers, le trône d'or de la loi, principe des forces brutales de la terre ; aux seconds, le sceptre de diamant de la parole, principe des forces motrices du monde. Mais, aussi, quelques profondes blessures cachent les rayons de leur gloire ! Sisyphe se conçoit-il sans le rocher ?... Socrate, sans la ciguë ?... Prométhée, sans le vautour ?... L'égoïste dégoût et la permanente indifférence des autres hommes absorbés par le détail n'est au fond qu'une sourde envie dirigée contre eux : en creusant les mobiles de ce sentiment on finit par le comprendre et lui faire miséricorde : en est-il moins triste ? et ses conséquences pour l'homme héroïque en sont-elles moins funestes ?... Heureux donc, bienheureux ceux qui peuvent, tout en planant, cacher leur grandeur ! On ne les crucifie pas.

» Tullia Fabriana se tenait à distance, ayant tout à donner et peu de chose à recevoir dans l'assez banal commerce du monde. Ne pouvant rompre tout à fait avec lui, par sa position essentiellement mondaine, elle ne lui laissait voir que ce qu'il est strictement impossible de lui cacher. Le reste du temps elle vivait d'elle-même et de sa pensée. Dans un entretien, c'était une nature pneumatique par laquelle l'esprit des autres personnes était rapidement retourné, compris et évalué à leur insu, en vertu d'un presque infaillible calcul de *riens* systématisés. Comme elle savait tout dire, elle savait gêner lorsqu'on essayait de s'aventurer un peu dans sa conscience. Le secret de cette habileté consistait dans l'insaisissable difficulté de transitions qu'elle laissait éprouver entre un point de départ donné et un courant d'idées plus expansif. Sûre méthode pour n'être jamais obligé de froisser personne et de garder les dehors de l'urbanité en conservant, en soi-même, l'indifférence solitaire. Son âge la secondait un peu, du reste, dans ces sortes de réussites. L'absence d'indécision dans le regard et dans la tenue, qualité qui généralement spécialise les femmes de cette saison, se pressentait si magnétiquement dans sa beauté, que sa vue seule glaçait les fadeurs sur les lèvres. Elle en était même arrivée à un tel point de force intérieure, que le sourire demi-railleur, semi-paternel, que se permettent doucement, par exemple, les vieux gentilshommes vis-à-vis des femmes, — et dont le charme et la grâce éclairent subitement leurs visages, — s'était toujours troublé devant la toute simple et toute virile dignité de cette mystérieuse personne.

» Quelques êtres sont doués d'un fluide

fascinateur dont les esprits diserts et froids ne peuvent se rendre compte et que, cependant, ils subissent d'une manière insurmontable, inexplicable et soudaine. Le vulgaire, qui rit et qui passe, ne croit pas à cette supériorité : peu lui suffit. Il ne relève de cet empire que dans les rares secondes où il se trouve en contact avec l'un des êtres qui l'exercent. Le vulgaire est alors semblable à ces campagnards narquois qui se moquent d'une pile électrique et changent de visage dès qu'ils ont touché le fil. Il est vrai que leur étonnement ne dure qu'une heure et se termine par quelque mot sceptique ou indifférent. Le vulgaire ne connaissait de Tullia Fabriana que son nom et ce nom s'entourait d'une auréole de dignité et de respect. Il s'émanait d'elle un sentiment de considération et de sympathie profondes qui, s'imposant naturellement à tous ceux qui l'approchaient, était accepté sans secousse ni discussion.

» La vie est un choix à faire : il ne s'agit

que de vouloir grandir en soi-même pour se sentir vivre. Tout est dans la volonté, pour nous! Certaines gens, sous prétexte qu'on doit mourir, que tout est vanité, que leurs classiques illusions sont perdues et autres romances, s'en tiennent à ces aperçus d'elles-mêmes et, se refusant aux impressions élevées, traînent le boulet d'une existence sans idéal. Ce sont les premières dupes de leur imprévoyance. Un pareil positivisme rapproche de l'instinct. On devient insignifiant pour soi-même, et ces armures de salon ne tiennent pas contre deux heures de lutte pratique. Il ne faudrait s'étonner de rien, d'après leur devise : Celui qui ne s'étonne de rien doit commencer par se trouver bien étonnant lui-même.

» Encore s'ils étaient sincères, ces philosophes! mais le premier milieu venu suffit pour les distraire et les frapper de contradiction. Encore s'ils en devenaient meilleurs !... Mais, impuissants à souffrir seuls, ils ne se plaisent qu'à refroidir la paisible espérance des autres. Toute parole contient une force, et comme ils parlent en prenant peu de souci du scandale contenu dans leurs paroles, ce scandale, étant quelque chose, marche à travers les foules et les siècles. Ainsi le discours d'un malheureux à conviction intermittente, ainsi la phrase d'un homme qui eût peut-être admiré le lendemain, selon l'humeur du moment, ce qu'il chargeait la veille de dérision, s'en va détruire le recueillement d'un bon nombre des condamnés à mort qui l'entendent, et qui, se prenant au sérieux, prennent la parole de ce faux-frère au sérieux. Et alors la propagande recommence de plus belle !... Triste origine du doute.

» En somme, la contraction des rictus vénérables d'un million de braves hilares qui, sous prétexte d'illusions perdues, passent exprès la durée majeure de leur carrière à ne rien voir nulle part, constitue-t-elle un acte de présence suffisant pour qu'il leur soit décerné un valable droit de décision dans les questions profondes ? Ont-ils bien réellement formulé, par cette grimace arbitraire, la dernière expression de la philosophie ? C'est au moins douteux, puisque la philosophie les comprend, au fond de ses déductions inférieures, et que, d'après eux-mêmes, ils tirent précisément leur bonne grosse gloire de ce qu'ils ne la comprennent pas.

» Donc, puisqu'ils sont comme s'ils n'étaient pas, — faute d'un peu d'âme et de bonne volonté, — le penseur ne doit pas en tenir compte. Ils sont pareils à ces lacs maudits, à ces eaux mortes, dont les vapeurs tuent les oiseaux du ciel, si leurs ailes ne sont pas assez puissantes pour les franchir d'un trait.

» Il est assez pénible de s'en apercevoir ; généralement les cyniques rassis et mûrs se rencontrent dans les castes élevées qui, — à tort ou à raison, — mènent joyeuse vie un peu aux dépens du labeur universel. Cela cessera quand la sape de la justice sera parvenue jusqu'à eux ; mais cela est, quant à présent, et cela fut presque toujours. Ces hommes n'ont d'autre valeur que l'impulsion même qu'ils donnent de par la dispensation de leur fortune. Il faut donc leur montrer une certaine déférence, à cause de cette force dont l'organisation sociale les investit gratuitement, et avec laquelle ils peuvent nuire. Les relations inévitables de chaque jour obligent les âmes élevées à frayer avec ces âmes restées en chemin, sous peine de voir leurs plus simples actions en butte à toute sorte d'impudents commentaires (le monde, prêtant ses petitesses à ses grandeurs, ne croit pas au désintéressement du génie). C'est sans doute pour ce motif que Tullia Fabriana recevait parfois le flux brillant de cette société dont elle ne pouvait défendre sa vue, mais dont la conscience collective s'arrêtait devant la sienne, comme la mer devant le rocher.

» Ainsi, dans les salons de son palais, sur l'Arno, se rencontraient des princes toscans, de vieux diplomates au front toujours voilé d'une convenable inquiétude, de beaux cavaliers florentins, attachés aux diverses légations, et dont les costumes sombres étaient rehaussés de cordons, de pierreries ou de diverses autres marques de distinction; de jeunes femmes héritières des plus illustres maisons d'Italie et les grands artistes du temps. Le palais sortait de son ombre sur les quais illuminés; les flots, diaprés de lueurs, bruissaient aux souffles embaumés de la nuit; les jardins qui bordaient les péristyles extérieurs étincelaient dans leurs feuillages, et des couples insoucieux et splendides marchaient sur les pelouses et sous les épais orangers. — Ces soirs-là, la belle souveraine s'humanisait et se transfigurait : elle trouvait une parole d'accueil pour chacun de ses hôtes; sa beauté orientale s'encadrait dans cet entourage resplendissant et avait cela de particulièrement sympathique, même pour les femmes, qu'elle n'excitait aucune mauvaise arrière-pensée d'envie ou de haine. La fête passée, on parlait d'elle dans tout Florence, quelque temps, — mais seulement comme d'une patricienne libre et paisible, décidée à garder noblement sa paisible liberté. »

———

CHAPITRE V.

Transfiguration.

> « Elle marche dans sa beauté, pareille à la nuit
> » des climats sans nuages et des cieux étoilés. »
> (Lord Byron, *Mélodies hébraïques*.)

Un physionomiste ordinaire fût parvenu, sans doute, à réunir ces données au sujet de la marquise Tullia Fabriana, et il eût été malaisé de la définir d'une manière plus précise.

Sans être de volée supérieure sous ce rapport, l'on peut saisir avec facilité les prédispositions et les instincts d'une âme d'après les lignes au repos de sa forme visible, dans le son de la voix, les manières, les expressions, etc.; — mais lire une Idée fixe à travers les replis de l'extérieur, connaître la véritable nature et la dominante impulsion d'une Intelligence, deviner, positivement, le grand mobile caché dans toutes les précautions du génie, cela n'est plus du ressort de l'intuition, cela dépend de la force de volonté du sujet.

De quelle valeur étaient les observations de Zénon touchant le masque déprimé de Socrate ? D'aucune, en fait. La clairvoyance du physionomiste ne peut rien, passé telle limite que lui impose la fatalité faciale. Le plus puissant analyseur ayant affaire, par exemple, à une exception humaine, peut tomber à faux sur un détail et le prendre pour base de l'ensemble, lorsqu'il ne sera que le résultat passager de l'influence du milieu sous lequel il l'étudiera. Ces sortes d'écoles ne sont point rares chez les plus experts. La science de la face humaine étant toute de pressentiment dans ses principes, reconstruire la vie d'une personne d'après la rapide inspection de ses traits, voir, l'une après l'autre, ses aptitudes, ses passions préférées, déterminer ses possibilités d'avenir, d'après la résultante probable de tels plis de la bouche dans le sourire, de telle accentuation des rides, de telle appréciation de deux choses données, chacun peut faire cela plus ou moins exactement, à son insu. — Pour les observateurs, il y a des nuances que d'autres, moins sensibles, n'aperçoivent pas ; ceux-là se rendent compte du prochain d'une façon à peu près sûre. Aux hommes doués de l'incarnation intuitive, rien n'échappe. Ils se mettent dans autrui et s'y regardent comme dans un miroir ; ils y écoutent impersonnellement tomber leurs paroles et touchent juste, par conséquent, lorsqu'ils parlent. Un dernier mot à ce sujet.

Le simple observateur peut savoir tirer pour lui-même un excellent parti de l'occasion lorsqu'elle se présente : c'est ce que la plèbe des respectables mortels, ne voyant jamais qu'un résultat, sans en apprécier les causes, appelle : « jouer de bonheur ! » (comme si l'on pouvait longtemps et impunément jouer de bonheur au milieu d'un groupe de sociétés régi par trente-deux Codes!). Saisir avec sang-froid l'occasion et lui faire rendre ce qu'elle peut donner, c'est déjà marcher conformément à la logique du sort, et c'est remarquable. Mais les hommes dont nous voulons parler, les hommes doués de l'incarnation intuitive, seraient capables de créer l'occasion, de faire naître le milieu dont ils voudraient profiter. Les forces réunies de l'or et de l'amour tomberaient positivement devant ces individus redoutables et rares, s'ils tenaient à réussir dans quelque projet ; mais, à l'ordinaire, ils ne se soucient vraiment de rien. Cette puissance entraîne le dégoût. Si le destin ne leur a point fait d'avances, ils finissent, pour la plupart, dans la gêne et dans la tristesse de leur grandeur. Ils attendent la mort naïvement, ces princes de la race humaine ! Bien plus, leur force même leur est nuisible, principalement lorsque le nécessaire est en question pour eux. Alors, leur calme faiblit quelquefois, et ils opèrent de tels prodiges de reconstruction, qu'ils dépassent cent fois le but, s'empêtrent dans leurs ailes sublimes et, de fait, sont déroutés par la niaiserie des vivants.

Si donc, l'un d'entre eux se fût trouvé sur le chemin de Tullia Fabriana, c'eût été d'un assez vif étonnement pour lui de se sentir dans l'incapacité de la comprendre. Pas une contradiction sur ce visage ! Un regard doux, égal et assuré, une harmonie de lignes délicieusement pures ; enfin, rien de particulier n'aurait justifié pour lui le trouble d'intuition, le sourd avertissement de l'inconnu, qu'il eût éprouvé devant elle.

Rien. — Les formes de la femme se sculptaient d'elles-mêmes sur le marbre de ce corps de vierge : la grâce ondoyait dans ses mouvements, la force courait dans ses membres sains et purs, la beauté l'enveloppait tout entière de son manteau royal, mais nulle porte ouverte sur la pensée, nuls vestiges de l'existence...

Cependant, s'il eût été donné à cet homme

de considérer plusieurs fois, et en y déployant sa plus grande attention, ces yeux calmes et noirs où la volonté brillait de sa lueur éternelle, ils lui auraient tout à coup semblé aussi profonds que le ciel !

Autour d'elle, quelque chose d'attirant, d'insolite et de grave eût de suite vibré pour lui. Une sympathie impérieuse sortait de cette femme, et ce n'était point parce qu'elle était belle ! Mais ce qui doit rester invisible, demeure invisible. Et quand Tullia Fabriana n'eût pas refusé tout indice de sa véritable nature, comment reconnaître en une femme placée dans un milieu de richesse et de tranquillité, comment reconnaître un Génie aux conceptions vertigineuses, doué de l'énergie d'un Prométhée ou d'un Lucifer, éclairé, dans toutes ses profondeurs, par une science dont l'origine eût semblé inexplicable, armé d'un sang-froid et d'une puissance de dissimulation à toute épreuve, muni d'une précision de coup d'œil et d'une logique d'action magistrales, et, bref, ayant sans cesse en vue l'accomplissement d'une tâche d'un saisissant et universel intérêt; ayant résolu enfin quelque chose de terrible, d'immense et d'inconnu ?

Comment admettre une pareille étrangeté du Sort, même en face de la plus souveraine évidence ?

Amener par surprise une combinaison de paroles devant la plonger dans tel cercle d'idées, sous le jour desquelles on eût désiré la soumettre à l'examen ; savoir ce qu'elle signifiait et la pénétrer?... vraiment, l'exécution d'un tel projet n'aurait pas été poursuivie durant cinq minutes vis-à-vis d'elle.

Dès le premier instinct d'une inquisition sérieuse, et sans que son charmant laisser-aller en eût paru le moindrement changé, un regard naïf et perçant, comme un coup d'épée, eût suffi pour désarçonner l'espoir chimérique d'un amateur. Il était interdit de pratiquer les ténèbres de cette intelligence, car l'action et la pensée paraissaient avoir en elle une même valeur. Le scepticisme le plus enjoué se serait émoussé contre sa volonté de diamant. Sa causerie n'eût pas cessé, pour cela, d'être railleuse, légère et douce; mais, se trahir?... Non pas. Elle estimait son âme comme quelque chose de trop préférable à l'univers entier, pour la laisser entrevoir de personne, et ses pensées comme trop immuables, pour être livrées en proie et à la discrétion de la versatilité banale du premier venu.

Son secret sublime était caché en elle comme l'arche dans le sanctuaire du temple. Vaguement flamboyants, des glaives de lévites l'environnaient sans cesse dans l'ombre des jours et des nuits. Malheur à celui qui s'en fût approché de trop près, même pour la servir ou la préserver : eût-il été pontife ou roi, son cœur eût défailli dans sa poitrine; et nul n'aurait connu la main qui eût frappé.

CHAPITRE VI.

Étude d'enfance.

> « Cette science, à laquelle nous consacrons
> notre vie, vaudra-t-elle ce que nous lui sacri-
> fions ?.. Arrivera-t-on à une vue plus certaine
> des destinées de l'homme et de ses rapports avec
> l'infini ?... Saurons-nous plus clairement la loi
> de l'origine des êtres, la nature de la conscience,
> ce qu'est la vie, ce qu'est la personnalité ? »
>
> RENAN.

Le 13 décembre 1761, vers minuit, la comtesse Angélia-Maria de Albornozzo Bruzati, princesse de Visconti, duchesse de Fabriano, mit au monde une fille qui reçut le nom de Tullia.

Le duc Bélial Fabriano pouvait avoir cinquante-huit ans lorsqu'il épousa la comtesse

Angélia. Celle-ci entrait dans sa vingtième année.

Le duc était d'une beauté vénitienne. Il avait grand soin de lui-même et se tenait avec une netteté exemplaire. Ses cheveux étaient longs et argentés ; sa figure, d'une expression habituellement grave, n'allait point mal à sa stature d'hercule. Sa haute élégance de manières, la spirituelle affabilité de ses attentions, avaient apprivoisé la belle colombe, et c'était bien réellement plutôt sa compagne que sa fille. Leur union s'était définie à force de dignité et de nuances, d'une façon étrangement belle. Le duc était homme du monde. Une partie de sa vie s'était passée en voyages ; les dangers, les aventures, les heures difficiles avaient trempé son expérience, en sorte que la douce Angélia l'avait accepté moins par devoir que par contentement, avec une indifférence amicale et toute chrétienne. C'était, en somme, un coup d'œil satisfaisant que de la voir appuyée à son bras. Mais ils vivaient un peu dans la solitude et voyaient rarement le monde.

Le soir où la duchesse enfanta sa petite fille, toutes les demi-aspirations refoulées, toutes les tristesses des rêves à jamais éteints dans son âme, le peu de compensations obtenues par les pratiques religieuses et par une dévotion chancelante, elle oublia tout !...

La belle petite fille, aussi, que Tullia ! Bien qu'elle eut les yeux fermés, elle avait déjà comme un sourire sous les doux embrassements de la duchesse Angélia. Enfin, elle ouvrit ses beaux yeux noirs et les mira dans les yeux tout pareils de sa mère.

Extases, souvenirs, joies célestes d'une mère ! on ne peut vous analyser. L'éternelle nature est cachée dans le sourire d'une jeune femme qui contemple paisiblement deux molles petites lèvres presser sa mamelle et en accepter la vie !

Plusieurs mois se passèrent.

Déjà le souffle de la beauté caressait et

imprégnait d'idéal les purs linéaments de sa forme; elle était candide, et la lueur de l'âme transparaissait en elle comme la lumière au travers d'une lampe d'albâtre. Ses cheveux étaient aussi ténus que ces fils de la Vierge qui brillent l'été dans la campagne, et aussi soyeusement vermeils que des rayons d'étoiles tissés par les fées de la nuit.

Elle marchait seule déjà.

Et elle devenait plus grande. Les jardins du palais, abandonnés depuis longtemps, étaient vastes comme des solitudes : elle marchait dans les profondes allées, et elle se perdait sans effroi dans les fourrés de fleurs sauvages, dans les taillis ombragés de vieux arbres. Son enfance fut silencieuse comme le rêve, et elle s'éleva dans l'ombre.

La particularité d'organisation de Tullia Fabriana, nous voulons parler de l'extraordinaire étendue de ses aptitudes intellectuelles, se développa dans cette privation et dans cette liberté.

Le caractère de son esprit se détermina seul, et ce fut par d'obscures transitions qu'il atteignit les proportions immanentes où le moi s'affirme pour ce qu'il est. L'heure sans nom, l'heure éternelle où les enfants cessent de regarder vaguement le ciel et la terre, sonna pour elle dans sa neuvième année. Ce qui rêvait confusément dans les yeux de cette petite fille demeura, dès ce moment, d'une lueur plus fixe : on eût dit qu'elle éprouvait le sens d'elle-même en s'éveillant dans nos ténèbres.

Ce fut vers cet âge qu'elle devint pensive. Une intense fièvre d'étude vint l'étreindre spontanément, et, sous la froide assiduité, sous le calme de sa constance virile et régulière, se manifesta la lumineuse originalité de son naturel. Elle commença de lire, d'écrire, de songer... L'univers paraissait revêtu pour elle d'un aspect plus inquiétant que pour les autres filles de son âge ; mais ses paroles étaient rares, et elle n'adressait point de questions.

De sauvages instincts la faisaient fuir les compagnes d'amusements que lui présentait sa mère. Toutefois, elle se retirait avec des manières si douces et de telles prévenances qu'elle ne blessait jamais.

Le vieux duc remarquait le regard froid, le maintien peu bruyant et les prédispositions surprenantes de sa fille. Il ne trouva pas à propos d'intervertir une pareille nature ; il sentait qu'il l'eût tuée et que c'eût été fini par là ! Comme c'était un homme juste devant la pensée, et comme elle ne *devait* pas mourir de cette manière, à ce qu'il paraît, il ne se refusa pas à favoriser le développement de cet esprit.

La pensée trouvait en elle des organes de préhensions si vastes et si solides, sa mémoire était d'une puissance si merveilleuse, qu'elle parvint, sans se fatiguer, vers sa douzième année, à mener de front plusieurs sciences et plusieurs langages.

Le dessin, la sculpture et surtout la grande

musique, étaient ses distractions, et, bien qu'elle leur donnât peu de temps, elle s'y montrait de jour en jour d'un talent remarquable.

Son enfance, à part les facultés pénétrantes de son génie, n'eut pas de ces détails saillants qui font l'orgueil des familles. Sa beauté seule frappait le regard et nécessitait l'attention. Mais aucune parole ne révélait aux personnes la portée de son intelligence, et si elle s'apercevait de l'admiration que lui attirait son extérieur, elle en paraissait toujours attristée et assombrie.

Parfois, le soir, lorsqu'elle trouvait sa mère dans la tristesse, elle s'approchait sans dire un mot, s'asseyait à l'embrasure d'une croisée, et, voyant le duc se promener silencieusement dans les jardins, elle prenait une harpe et chantait des strophes du Dante. Aux premières notes, magistralement enveloppées d'une profonde richesse d'accords, la duchesse Angélia devenait attentive et grave ; le duc s'arrêtait. Une magie était contenue dans les vibrations de cette voix où les pensées infernales et célestes se peignaient avec la violence et le relief des réalités. Cependant le visage de la jeune fille semblait impassible, et ses yeux n'étincelaient pas. Et puis, lorsqu'ils étaient encore sous le charme, elle leur adressait, avec une soumission naturelle et humble, un bonsoir et un baiser.

L'aumône est une des distractions de la fortune. L'aumône va bien aux enfants riches. Cela flatte l'amour-propre des parents et donne du pittoresque aux promenades. Pour elle, lorsque ce mystérieux phénomène de l'aumône lui arrivait, elle envisageait le pauvre longuement. Les instincts de la dépravation sont écrits souvent sur les fronts endoloris par la misère ; cependant l'enfant baissait sa belle figure et donnait avec humilité. On eût dit qu'elle s'écoutait dans la forme humaine injuriée recevoir elle même l'aumône qu'elle faisait et qu'elle se demandait, vaguement, au fond de sa conscience : « De quel droit m'est-il donné de faire courber la tête de cet homme ou de cette femme ?... Pourquoi m'est-il permis de disposer de ce qui leur est nécessaire ?... »

Sa prière du matin et du soir en faisait un ange..... et cependant, lorsqu'elle était seule dans l'oratoire, lorsque sa mère ne priait pas à ses côtés, il lui arrivait de s'interrompre tout à coup, de relever le front et de regarder fixement la vénérable image de la madone, de Celle qui donne la bonne mort.

Une fois, — elle avait alors quinze ans, — au milieu de la prière qu'elle prolongeait tous les soirs depuis une année, elle s'arrêta, parut troublée... et s'avança lentement près d'un crucifix placé auprès de la madone. Elle demeura devant lui dans le silence d'un recueillement indéfinissable; puis, deux larmes, les deux premières qu'elle versait dans la vie, coulèrent le long de son visage. Une grande pâleur, qu'elle conserva toujours depuis, fut le seul indice du vertige qu'elle éprouvait :

quelque temps après, elle quitta l'oratoire et n'y revint plus. Sa puissance d'attention se concentrait dans les soirées où le duc recevait de vieux amis. Elle notait dans sa mémoire les remarques de ces vieux courtisans de l'ancien règne, qui avaient grisonné dans la diplomatie européenne, et qui étaient loin d'avoir perdu le fil des divers cabinets politiques où leurs noms avaient figuré. Bien des événements furent commentés dans ces soirées sous la forme de spirituelles causeries; elle prit de l'intérêt, dans une certaine mesure, à ces cours d'anatomie de l'histoire, et elle apprit la science des hommes et des femmes à l'âge où, d'ordinaire, les jeunes filles se livrent à des occupations presque puériles.

Cette soif de s'assimiler le plus possible, même les choses d'une apparence étrangère à son utilité personnelle, allait si loin, qu'un soir, ayant entendu vanter son père comme la première lame de l'Italie, elle leva les yeux de dessus la broderie qu'elle tenait par contenance, et parut le considérer avec attention. Le lendemain, d'un air plaisant et moqueur, elle lui demanda s'il voulait bien lui montrer ce qu'il savait, pour la défatiguer de ses maîtres si ennuyeux. C'était par un motif de respect filial qu'elle feignait de s'ennuyer d'études, afin que ses travaux et ses veilles continuelles ne vinssent pas affliger son père et sa mère, ou, tout au moins, les stupéfier. Après quelques bons mots échangés sur la belliqueuse fantaisie, le duc accepta. « Elle est de race, » murmura dans sa royale le vieux gentilhomme, — (par plaisanterie, car il se persuadait que Tullia, vers la troisième leçon, se soucierait peu de la chose). A son grand étonnement, il n'en fut rien, et il eut bientôt l'occasion de s'émerveiller de son élève.

Ils gardaient le secret sur ces combats : une torche fixée à la muraille, dans l'un des souterrains du palais, éclairait leurs passes d'armes du matin et du soir. C'eût été positivement un coup d'œil fantastique que cette amazone, mince et nerveuse, vêtue d'un sarreau de velours noir ouaté et cuirassé comme un plastron de salle et serré par une boucle de diamants à la ceinture, en haut-de-chausses et en sandales, ses torrents de cheveux d'or emprisonnés dans une résille, et le treillis d'acier sur le visage, alors qu'elle se mettait gracieusement en garde, et saluait, à l'aise, d'un fleuret à lourde poignée d'ébène.

Après quatre ans d'exercices, d'assauts serrés et savants, sa vitesse avait acquis les allures de la foudre, et la jolie reine Marguerite de Navarre, peut-être, eût apprécié les brillantes profondeurs du jeu de cette Clorinde.

Ces exercices avaient affermi ses formes souples, et préservèrent sa santé de l'accablement du travail. Comme les vierges antiques de Thèbes et de Sparte, elle avait la modestie, la beauté et la force. La Science l'avait baisée au front comme une immortelle.

Un charme de grandeur aimable courait dans ses moindres paroles. Jamais elle ne disait que des choses simples, et les gens devenaient comme naïfs devant sa sympathique naïveté.

Seulement, lorsqu'elle franchissait le portail de l'immense appartement que nous allons décrire, — où, depuis plus de six années, elle s'enfermait huit et dix heures chaque jour, sans parler des nuits, — l'aménité ingénue de son visage tombait comme un masque : la mystérieuse et sombre splendeur de sa vraie physionomie apparaissait.

Elle entrait, poussait les doubles verrous, venait lentement s'accouder sur une grande table noire chargée de livres, de manuscrits anciens, de cartes et d'instruments scientifiques et demeurait immobile.

Là commençait la véritable vie et le véritable aspect de Tullia Fabriana ; l'autre, c'était ce que tout le monde en pouvait voir et oublier.

CHAPITRE VII.

La bibliothèque inconnue.

> « A chaque pas du temps, l'intelligence humaine
> » Ouvre, en l'illuminant, la nuit du phénomène,
> » Saisit plus de rapports,
> » Et prenant sur le fait les forces de la vie,
> » Ravit à la matière, à son joug asservie,
> » Des lois et des trésors.
>
> » L'homme explique le sphinx et la pierre thébaine ;
> » Il dévoile à demi l'Afrique au sein d'ébène
> » Sous l'œil de ses lions ;
> » L'aveugle Destin voit par son expérience :
> » Il groupe, dans les cieux, autour de sa science,
> » Les constellations !... »
>
> PONTAVICE DE HEUSSEY (*Sillons et Débris.*)

Cette étrange bibliothèque était un trésor de livres rares et curieux, de manuscrits extraordinaires et de documents inconnus. Bon nombre d'entre eux portaient des anneaux d'armoiries religieuses : ils provenaient de cloîtres d'Italie, de Sardaigne et d'Allemagne. Réchappés de l'incendie ou du pillage des couvents, ils avaient été collectionnés, un à un, avec étude et patience, par deux savants chapelains morts depuis un siècle. Ces deux savants avaient été attachés à l'un des ancêtres du duc Fabriano : celui-là s'était occupé toute sa vie de sciences occultes, de philologie, de cabale et de toxicologie. Il y avait dépensé des sommes fabuleuses et y avait fait, de concert avec les deux chapelains, de profondes et magnifiques découvertes. Les écrits ignorés de ces trois hommes, disposés et empilés avec une scrupuleuse méthode, remplissaient une grande case d'ébène à serrure d'or et à ressorts secrets. Quelques-uns des livres étaient annotés, en marge, par d'obscurs moines du moyen-âge, et c'était, pour la plupart, des réflexions remarquables par leur précision érudite. Quinze à vingt mille volumes aux reliures antiques et riches se pressaient sur les rayons. Presque tous révélaient, de la part des trois penseurs, des connaissances étendues en médecine et en chimie. Toutes sortes de curiosités, de fossiles et d'objets équivoques, rapportés de voyages à travers de lointaines contrées et rangés çà et là, témoignaient du soin qu'ils déployaient dans leurs recherches scientifiques. Là se rencontraient des éditions presque introuvables.

Comme antiquités, il y avait d'abord, par exemple, des textes authentiques, transcrits de l'hébreu samaritain et dont le sens, resté sans interprètes depuis les mages qui seuls en possédèrent la véritable clef, avait été proposé de plusieurs façons dans les remarques écrites par les religieux.

Il y avait aussi des commentaires sur les sciences disparues de l'Égypte et sur le culte des idoles, importé d'abord par les races noires, filles de Cham, et remanié depuis par les Ariens venus de la Bactriane. Il y avait encore des mémoires touchant les peuplades convultionnaires du nord de l'Afrique d'autrefois, et des traités de différents indianistes sur les révélations des êtres apparus dans les cérémonies souterraines de l'Inde antique, avec des citations où se trouvaient relatés, par la main des anciens brahmanes, des passages en zend et en pehlvi, tirés d'œuvres totalement disparues.

De poudreux in-folios, cerclés de fer, contenaient, d'après leurs titres inquiétants, les plus profondes et les plus anciennes hypothèses au sujet de la récente apparition de l'humanité sur le globe. Ces archives étaient inappréciables et contenaient des secrets tout particuliers. Il est de notoriété que nous ignorons encore, aujourd'hui, les détails qui ont trait à cette question. Les peuples dont nous eussions pu tirer des renseignements étaient déjà dans l'oubli lorsqu'on s'est préoccupé, pour la première fois, de l'éclaircir. La chute des nations primitives, ou, si l'on préfère, leur disparition, suivit de tellement près leur avènement, qu'elles n'ont pas eu le temps de nous laisser quelque chose de positif à cet égard, comme on peut s'en convaincre en relisant les histoires de l'esprit humain dans l'antiquité. — D'autre part, les légendes syriaques, importées par les druides venus d'Asie, les poëmes des littératures scandinaves, océaniennes et orientales, ne soulèvent évidemment pas, d'une manière suffisante, l'espèce de grand suaire qui couvre les choses dans leur état primordial. On sait par quels accidents presque toutes les bibliothèques des vieux mondes furent perdues.

Il y avait aussi des recueils de sentences eutychéennes, écrites en ancien cophte, et d'inscriptions collationnées sur des ruines; des reliquats, en noirs caractères éthiopiens, aussi anciens que le déluge; enfin les stances prophétiques des sibylles d'Érythrée, de Cumes et de l'Hellespont, inspirées dans le grec de Pindare, aussi harmonieux que celui d'Homère, précédaient les grands volumes de magie.

Les livres plus récents étaient séparés des autres par des instruments de chimie, d'astrologie et de médecine. On y eût remarqué de nombreux traités de presque toutes les sciences, les meilleurs volumes d'histoire et de métaphysique, ainsi que le résumé de leurs progrès jusqu'aux âges modernes, les livres sacrés des dix-huit grandes sectes du globe avec des commentaires précieux ; les traditions des peuples slaves sur l'origine des grandes nationalités européennes, et à côté des mémoires de l'Académie des sciences physiques de Florence, fondée, comme on sait, par le cardinal de Médicis (il paraîtrait que les cardinaux aiment à fonder les Académies), les œuvres des Pères de l'Église latine et grecque ; puis, serrés par des parchemins séculaires, de ligneux manuscrits en langue chaldéenne, les annales des astres, l'histoire de la disparition de telles étoiles d'autrefois, des diverses catastrophes célestes ainsi que de leurs signes et de leur influence sur la pensée humaine et les destins universels.

Un moderne, à l'aspect de pareils vestiges, se dirait simplement, presque malgré lui : —

« Nous avons dépassé cela. » — Le sourire et la plaisanterie semi-respectueux dont il pourrait accompagner sa réflexion, la nuance de hauteur polie et froide qui percerait dans son allure et son débit, trahiraient la conviction de sa supériorité. Cela s'explique. Les esprits anciens étaient, pour la plupart, des esprits à systèmes fixes : ils avaient la ferveur de leur idée. Or, l'irrésolution est l'essence même de l'air que respire notre époque. Les hommes de croyance immuable font l'effet, vis-à-vis de la majorité, de Risibles et d'Insociables.

On les évite avec soin. Le sentiment du terme exact est inné aujourd'hui à ce point que le nom de Dieu, par exemple, semble tacitement rayé des conversations et de la philosophie. On le relègue dans les lexiques, les prônes et les livres de piété. Il est même devenu de mauvais goût de le risquer à tout propos comme le faisaient les mousquetaires et les gentilshommes très chrétiens du *grand siècle* en France. On le laisse tranquille et on ne s'en sert presque plus, — si ce n'est dans le moment d'un danger, où l'on juge à propos de s'en souvenir ; — hors de là, le nom de Dieu ne s'emploie guère que pour clore avec dignité une dissertation quelconque, — ce qui est à dire pour dissimuler une gambade d'indifférence.

Ah ! c'est le règne d'un doute sucé avec le lait d'une mamelle artificielle.

L'étonnement de vivre saute aux yeux si continuellement, que la plupart des hommes ne s'en inquiètent plus et que les trois quarts des penseurs européens ne savent plus à quoi s'en tenir. Il s'incarne, de jour en jour plus avant, et comme avec un rire silencieux, dans le drame humain. Une espèce particulière d'indifférence, dont les annales de l'histoire ne font pas mention, glace, dans le cœur des individus, le sentiment du devoir ; cet inexpugnable dégoût qui plane au-dessus des fronts, retient les élans du philosophe, du savant et de l'artiste d'une telle sorte que, — à part quelques intelligences d'élite, quelques derniers promoteurs de l'esprit humain, — on n'a plus guère de cœur à l'ouvrage.

Le manque d'humilité et d'espérance a donné pour résultat l'ennui égoïste et dévorant. Le progrès est devenu d'une évidence et d'une nécessité douteuses : d'ailleurs, l'économie politique, mise en demeure de formuler une possibilité d'avenir, sinon satisfaisant, du moins en rapport avec les instincts de notre conscience, n'aboutit, après les plus sublimes efforts, qu'à de ridicules ténèbres. On n'est plus religieux, on est timoré. Plus de jeunesse et plus d'idéal. L'inquiétude s'installe dans la famille, dans la justice et dans l'avenir. Comme les dieux et comme les rois, l'Art, l'Inspiration et l'Amour s'en vont!... Les pays se déversent les uns dans les autres et les sociétés se croisent sans se comprendre et sans tenir à se comprendre. Riches et pauvres, travailleurs et désœuvrés, nous sommes emportés dans la tristesse par un vent de sépulcre, d'effarement et de malaise. — La question de ce que la Mort nous réserve dans la profondeur est passée, pour la plupart des gens, à l'état d'oiseuse et d'insignifiante; la dérisoire stérilité d'analyse que présente ou paraît présenter toute hypothèse à ce sujet, semble si intuitivement démontrée aujourd'hui, que les mystiques eux-mêmes, en grand nombre, se laissent gagner pour la tiédeur générale.

En philosophie, cependant, — bien que l'on maugrée en soi de l'impuissance où l'on s'estime, assez gratuitement peut-être, d'acquérir, de façon ou d'autre (après tant d'échecs!), une certitude quelconque de quoi que ce soit, — on ne cesse de réfléchir à la Mort, chacun suivant sa sphère d'idées, et de s'intéresser à ce phénomène. On dirait que la Mort a jeté son ombre sur ce siècle. Les heures d'enthousiasme pour les diverses branches de l'arbre de la vie, pour les distractions, les questions secondaires, les arts, les découvertes scientifiques, etc., sont sonnées. On ne s'émeut plus. — La prévoyance de la nature est grande:

elle prépare ses effets de longue date ; on dirait que l'humanité va tout à coup ressentir une totale, une définitive surprise de *quelque chose*, et que, d'instinct, elle réserve ses forces pour la ressentir.

« Cependant, » — penserait le moderne, — de quoi ne serait-il pas improbable, d'avance, que nous puissions être sérieusement émus ? Tout ce que la poésie et la mythologie des anciens ont pu rêver de colossal et d'étrange est dépassé par notre réalité. Les dieux ne sont plus de notre puissance ; leur tonnerre est devenu notre jouet, notre coureur et notre esclave. Les ailes de l'aigle ? l'empire des nuages ? N'avons-nous pas le gaz hydrogène pour nous promener dans les cieux ? Quel Pégase pourrait suivre un train-express et jouter d'haleine avec lui ? Quel Mercure obéirait avec la promptitude d'un télégraphe électrique ? Que devient la Renommée aux cent trompettes devant les millions de voix infatigables de la presse ? Quelle figure Neptune jugerait-il convenable de prendre en face de nos Léviathans, de nos môles et de nos chaînes sous-marines ?... Que dirait le rigide Rhadamante à l'aspect de nos grandes villes si bien policées ? — Phébus-Apollon ? mais nous l'avons réduit à *prendre nos ressemblances !* nous l'avons érigé notre peintre favori. — Hercule et ses douze travaux nous feraient sourire : par exemple, il tua le lion de Némée, à lui seul ; n'avons-nous pas des personnes qui tuent, par goût, des cinquantaines de lions, à elles seules ? — Quel étonnement marquerait la physionomie d'Esculape s'il daignait jeter les yeux sur nos traités d'anatomie, de physiologie, de médecine pratique et de chirurgie ?...

Les muses ? — Mais n'avons-nous pas des femmes de lettres, des cantatrices, des danseuses et des tragédiennes vis-à-vis desquelles la comparaison ne serait peut-être pas à leur avantage ? — Parlerons-nous d'Éros, de l'anacréontique Éros ? Le pathologiste moderne se trouve en mesure d'accorder mensuellement aux vieillards dissolus la permission de déposer leur « modique offrande sur l'hôtel de Vénus. » Et, quant à Vénus, nous la croyons sinon vieillie, du moins surfaite : la terre a plus de Vénus réelles que l'Olympe n'en peut fournir. Celui auquel il a été donné de voir, de plus ou de moins près, certaines femmes d'Angleterre, de Circassie, d'Italie et de Pologne, — voire même de France, — n'admet guère la supériorité de Vénus. Quant à l'Empyrée, une feuille de chanvre arabe dans un cigare, trois pastilles de haschich égyptien sur la langue ou quelques gouttes d'opium brun dans la carafe d'un narguilhé, et nous le *voyons* aussi bien que les dieux, — *mieux* peut-être. D'ailleurs, qu'avons-nous besoin de nous créer des mirages de mondes illusoires? En avons-nous envie ?... Nous allons les chercher et nous les découvrons en réalité, — témoins les deux Amériques, l'Australie et les centaines de mondes de l'Océanie. — Le Pinde et le

Parnasse inaccessibles supporteront demain les rails de fer, et l'Hippocrène, fontaine sacrée, fournira d'excellente vapeur. La sagesse de Minerve battrait passablement la campagne devant la dialectique allemande. Pour ce qui est du dieu Mars, nous ne voulons pas humilier sa glorieuse massue, mais nous croyons pouvoir affirmer une chose ; choisissons l'Iliade pour sujet, par exemple : les Grecs, munis de dix ou de douze rois, de cinquante ou de soixante mille hommes et du secours des dieux, mirent dix ans à prendre Troie, encore, fut-ce à nous ne savons quelle ruse aléatoire, baroque et inavouable, qu'ils durent leur succès ; eh bien ! quand même Achille, Agamemnon, Ulysse, Ajax, fils de Télamon ou d'un autre, peu importe, se seraient joints, pour la défendre, à Pâris, Hector, Priam, etc., et quand même ils y eussent été commandés par tous les dieux, le dieu Mars en tête, — un détachement d'artillerie débarqué par les paquebots à vapeur de la

Méditerranée, muni d'une douzaine de fusées à la congrève qui portent à près de deux lieues et battent en brèche à cette distance, d'autant de mortiers à bombes et de canons rayés, l'aurait prise en dix minutes. — Positivement, les dieux ne sont plus de force avec nous sur aucune espèce de terrain. Les Titans commencent à prendre le dessus ; les chaînes du vieux Prométhée, pétrifié sur son rocher de Scythie, se sont rouillées et le bec de l'aigle s'est recourbé de vieillesse. Ne serait-il pas permis, d'après tout ceci, d'inférer que, si peu que soient les hommes, les dieux valent moins encore ?... — Que Jupiter, par exemple, s'avise de revenir jouer Amphitryon ou de faire des miracles, on le traduira simplement à l'une des polices correctionnelles de l'Europe, et, s'il prétendait nous échapper, il y aurait extradition instantanée sur tout le globe, que nous manions comme une pomme désormais. Nous sommes un peu maîtres chez nous, aujourd'hui ; et nous avons des haches et des tonnerres que doivent craindre les divinités, sans que cela paraisse. »

Voilà, certes, le raisonnement qui eût sommeillé dans le sourire et dans la plaisanterie du moderne dont nous avons parlé et les raisons de supériorité qu'il eût été en son pouvoir d'alléguer pour légitimer son dédain ou son indifférence vis-à-vis des ouvrages des anciens.

Le fait est que ces raisons, malgré le ton affecté, paraissent présenter, au premier abord, un front si imposant et si sombre, qu'elles s'emparent de l'esprit avec l'autorité de l'évidence. — Elles peuvent mener loin !... D'où vient, cependant, l'impossibilité que nous éprouvons de ne pas hésiter devant notre gloire, nos travaux et notre divinité de fraîche date ? Nous la trouvons lourde, cette divinité ! Suivant l'expression consacrée par le vulgaire, nous devons avoir l'air de *parvenus*, pour les dieux, tant nous nous tenons gauchement.

Bref, c'est peut-être le manque d'habitude, mais il nous serait dur d'être des dieux.

On ne sait quel instinct vient nous railler au plus fort de notre confiance dans l'avenir. Les prodiges qui nous environnent, les découvertes (¹) de notre labeur perpétuel, tout en nous donnant un sentiment terrible et incontestable (par qui nous serait-il contesté ?...) de notre valeur, éveillent en nous on ne sait quelle

---

(1) Par exemple, il serait permis de rappeler, entre tant d'autres, la découverte de la force vitale centralisée dans tel nœud de notre moëlle, tel mode d'activité de la pensée localisé dans telle couche de pulpe cérébrale [de manière que l'on ôte ou que l'on remet, à volonté, la faculté de discerner, de vouloir, de souffrir, etc., dans le cerveau d'un animal en enlevant ou en replaçant telle tranche de sa cervelle, comme cela se pratique aujourd'hui dans nos Académies de médecine] ; la découverte plus ancienne de l'indépendance de l'irritabilité ; — la découverte de l'identité des métaux soléliens et des nôtres [découverte obtenue, comme on le sait, par l'analyse chimique des rayons saisis dans la chambre obscure] ; — la découverte de la sensibilité de l'aimant [par laquelle le *geste* de l'être vivant se trouve en contact immédiat, cette fois, avec la physique] ; la découverte de la reproduction des espèces par les forces créatrices de la nature [c'est-à-dire par les principes métalliques et animés contenus

conviction désespérée... une tristesse irrémédiable, infinie ! Le vide nous enveloppe obstinément : nous ne pouvons, en métaphysique, en n'acceptant que la Raison, mettre la main sur le troisième terme de la dualité (si tant est qu'il y ait logiquement dualité), pas plus que sur l'activité vivante, en médecine. Cela nous échappe et la question paraît devoir se reculer toujours, sans être jamais résolue, comme ces mirages dans les déserts. La nouvelle métaphysique matérielle, — nous parlons

---

dans un globule de sang, lequel, jeté dans un vase rempli d'eau préparée, y fait germer des centaines d'animaux qui s'y développent, deviennent propres à notre alimentation et sont pourvus d'organes aussi parfaitement emboîtés que ceux obtenus par la génération ovarienne] ; la découverte de Neptune dans le ciel [découverte qui est venue confirmer à jamais l'astronomie, comme la découverte de l'Amérique vint confirmer la science physique] ; la découverte de la fusion des os d'un organisme dans un autre [grâce à laquelle, en chirurgie, on peut substituer, maintenant, l'os d'un animal à l'os humain d'une si parfaite manière, que, au bout de quelque temps, le premier remplace absolument le second] ; — etc., etc.

des plus récentes données venues d'Allemagne, — s'annonce de manière à continuer l'état de doute où nous sommes plongés ; — un sentiment profond, et qui paraît indestructible, de la vanité de notre condition lutte sans cesse, en nous, contre l'estime de notre tâche ; ce n'est plus : « que sommes-nous ? » qu'il faut dire ; c'est : « qui sommes-nous ? » Toutefois, à propos de cette question de l'être et du néant, disparus et formulés tous deux à la fois dans on ne sait quel éternel *devenir*, la théorie de l'idéalisme hégélien semble sans appel ; l'Antinomie qui affirme l'identité de l'opposition la plus abstraite et la démontre, dans son *en-soi*, en reconstruisant logiquement la Nature, l'Humanité, la Pensée, — en forçant, pour ainsi dire, l'Apparaître à expliquer le motif de son explosion, — en mettant la Raison humaine de pair avec l'Esprit du monde, enfin, cette antinomie n'a pas été suffisamment ébranlée.

Hélas ! est-ce que nous serions le Devenir de Dieu ? Quelle fatigue !

Oh! pourquoi l'idée de notre insuffisance intérieure domine-t-elle le pressentiment de notre immense destinée!... Pourquoi ne saurions-nous, quand nous osons nous regarder en face, nous résigner à n'être que *plus que des dieux !*... Si le progrès, le *processus* indéfini, donne le bien-être, et, trouvant sa justification dans la nécessité, est l'unique raison de l'existence, d'où vient cette lassitude (nous ne disons pas cette négation), ce malaise presque universel, ce peu d'enthousiasme pour lui?... L'on n'avancera pas que ce mouvement correspond à son abstraction et contient le premier terme d'une détermination ultérieure : — cette nécessité ne nous paraît pas nécessaire. D'où vient cette réaction instinctive de notre conscience, qui fait que, tout en reconnaissant à demi l'évidence du Progrès (¹),

---

(1) Si l'on voulait analyser attentivement chaque branche scientifique du progrès, l'idée de son importance et son aspect général se modifieraient peut-être beaucoup dans les esprits, et même dans les esprits de ses plus déterminés partisans. Sans établir une

tout en nous laissant aller quelquefois à l'admiration devant l'idée de ses profondeurs

---

théorie de compensations (laquelle, d'ailleurs, ne saurait jamais être rigoureusement exacte, car pour connaître une époque, il faudrait n'être que de cette époque), il serait facile, en s'en tenant à son siècle, de trouver des contradictions dans la plupart des *découvertes* qu'il présente. Soit une science : prenons celle qui lutte contre la souffrance physique et contre la mort, et qui souvent surseoit l'une et l'autre, — la médecine.

Il est certain que dans les temps modernes les découvertes physiologiques prennent, à l'insu du vulgaire, des proportions inattendues et capables, au plus haut point, de surprendre l'intérêt des penseurs. Jamais la précision dans l'art de guérir ne fut mieux obtenue et ne fut plus généralisée, et personne n'ignore que nos pharmacies sont richement dotées de tout ce qui peut alléger le fardeau de nos maladies.

En résultat, l'on affirme que la durée de la vie moyenne augmente dans plusieurs pays et l'on va jusqu'à fournir des chiffres de cinq, six et sept années...

Cependant, ce principe étant posé que les statisticiens ne peuvent offrir de chiffres *exacts* que depuis un siècle, sur quelle base solide ou même acceptable peut se fonder une certitude quelconque de cette hausse apparente d'existence, — surtout lorsqu'on mentionne des intervalles d'oscillations durant ce siècle ?... — Comment concilier ces chiffres avec les futures, nous le déplorons souvent et nous regardons les faits spontanés de la conscience

---

totaux obtenus par les statistiques de la misère en Europe, totaux dont la progression annuelle s'élève d'une manière sensible ? — Comment, enfin, accorder cette amélioration de la durée moyenne de l'existence, dans nos pays, avec les immenses quantités d'alcools, de boissons et d'aliments falsifiés, avec les habitations exiguës et mal aérées, avec la grande négligence de l'hygiène, etc., etc. ?...

Mais nous devons écarter ces objections qui ne portent pas sur la réalité du problème posé dans toutes les consciences.

La philosophie, n'ayant point de raisons d'État, n'est que sincère dans ce qu'elle affirme et n'admet guère ces façons d'apprécier ou plutôt de jauger la vie humaine.

La durée, ce n'est pas la vie ; c'en est une qualité. Sous ce mot, la vie humaine, nous avons l'idée d'action et de pensée. Ce qui fait vivre l'homme, ce sont les liens et les rapports qui l'unissent à ce qui l'entoure ; plus ces liens se fortifient, plus la vie se *réalise* dans l'homme. Or, quels sont les affections, les rapports spontanés et naturels qui lui appartiennent ? Rêves ou réalités, nous ne voyons pas plus de quatre éléments de la vie, éléments d'où les plaisirs, les passions, les devoirs, dérivaient depuis six mille ans ; ce furent la famille, l'amour, la conscience et l'idéal. Puisque ce sont les éléments naturels de la vie, reste à savoir s'ils se renforcent dans les pays passée, les croyances, réputées aujourd'hui absurdes, avec tristesse et sympathie ?... —

---

civilisés : dans le cas d'affirmative, nous pourrons avancer que la vie moyenne est en progrès.

Mais nous voyons d'ici le sourire du lecteur, tant le résultat de l'analyse lui est connu par avance. Il est inutile de l'écrire. Les types de la famille sont suffisamment bafoués, chaque soir, dans un millier de théâtres, devant une centaine de millions d'âmes, en Europe, pour qu'on soit édifié sur la valeur attribuée à cette parole par la majorité. — L'amour est devenu quelque peu la poésie de l'hygiène ; l'idéal se définirait, pour le plus grand nombre, la foi dans le présent. Pour ce qui concerne la conscience et la morale publiques, il suffit d'ouvrir l'un des Codes. Prenons celui de France, par exemple. Il compte environ quatre-vingt mille lois. Nous demandons simplement ce que pourraient bien être la conscience et la morale publiques dans un pays de trente-huit à quarante millions d'âmes, lorsqu'il faut quatre-vingt mille lois, un millier de tribunaux toujours exubérants d'affaires, cinq ou six cent mille baïonnettes et quarante ou cinquante mille hommes de police pour les y maintenir ?...

La durée de la vie moyenne augmente ?... En le supposant, il faut avouer que cette augmentation coûte cher. L'homme a voulu s'affranchir de vieux préjugés ; il désirait « épurer son idéal, » devenir *libre*, enfin, — suivant son indéfinissable expression.

D'où vient, disons-nous, cet état *mixte*, *extraordinaire*, que nous sentons peser autour de

---

— Le voilà servi à souhait : il n'y a plus que l'artificiel. Les crimes aussi diminuent ; — mais les vices augmentent et l'homme arrive toujours à perdre en profondeur ce qu'il gagne en surface.

Revenons à la médecine. En face d'une question décisive, — soit celle du *sang humain*, par exemple, — la science paraît se troubler. Or, en définissant les divers modes de manifestation, les nombreuses variétés de symptômes sous lesquels apparaît son affaiblissement, par le terme vague et général, la chlorose, on trouve, — suivant l'estimation de praticiens éclairés et d'après le recensement des maladies modernes, — on trouve que c'est par millions que les chloroses se comptent en Europe ; ce qui induirait à penser, quoi qu'en puissent dire les zélateurs d'une statistique erronée et embryonnaire, que les forces de constitution décroissent dans les générations humaines en raison du développement intellectuel des sociétés.

L'on objectera que le « remède suit le mal ! » On mentionnera, par exemple, la découverte du traitement des chloroses par le fer. Les docteurs désintéressés répondront au sujet de l'efficacité du fer. Sur deux sujets choisis et traités dans des conditions identiques par le fer (présenté sous toute formule, lactate, iodure, citrate, etc., peu importe), le résultat sera la mort de l'un et la guérison de l'autre, sans qu'il soit humainement possible de déterminer la nous depuis longtemps et dont la formule, en abstraction, serait capable de faire douter

---

raison de cette différence. Ce qui échappe dans l'expérimentation médicale est de même nature que ce qui échappe en métaphysique, et ce qu'on appelle éléments, forces, principes, ne répond pas à ce titre ; mots inexacts, et rien de plus ! Des *éléments ?...* D'où vient, alors, qu'ayant tous les éléments du sang humain, on n'en puisse distiller une goutte ?... D'où vient qu'il soit permis de mélanger indéfiniment de l'acide nitrique, du graphite, de l'eau, etc., sans obtenir de la chair avec cette composition ?... D'où vient qu'on puisse manier les phosphates de magnésie, de chaux et de soude en les combinant avec le reste des éléments laissés par la décomposition de toutes les parties du squelette sans arriver à fabriquer de l'os avec ces moyens ? Qu'est-ce que des *principes* impuissants qui ont besoin d'*autre chose* que d'eux-mêmes, à ce qu'il paraît, pour produire leurs conséquences ? Tout cela nous rappelle une parole bien connue de l'un des plus illustres et des plus profonds docteurs de ces derniers temps ; sur le lit de mort, il formulait ainsi sa conclusion triviale et suprême : « Tenez-vous la tête fraîche, les pieds chauds, le ventre libre, et moquez-vous des médecins. » Plaisanterie de moribond, d'accord ; mais y a-t-il beaucoup de médecins qui n'en diraient pas autant ? Il est à remarquer d'ailleurs que ceux qui doutent d'une science sont presque toujours ceux de la Raison humaine, de sanctionner logiquement le *quia absurdum* des mystiques?

---

qui paraissent avoir fait de cette science le but de leur carrière.

Au total, ce que la médecine aurait découvert de plus nouveau et de plus clair, c'est qu'un régime sobre et réglé, des aliments sains, de l'exercice, un air pur, le calme des mœurs et un bon tempérament peuvent conduire à la centaine. Malheureusement, cette exellente maxime, — que nos premiers parents ont cru devoir nous léguer, — tout en demeurant l'axiome fondamental et la conclusion définitive de la science, est devenue très difficile à mettre en pratique pour les cinq sixièmes des individus. Les populations croissantes, les difficultés économiques, l'organisation étrange des métiers, des moyens d'existence et le genre de vie moderne excluent et mettent hors de portée pour des millions d'âmes jusqu'à la possibilité de pratiquer une hygiène sortable. Condamnés à subir plus fréquemment que les anciens les plus tristes maladies, nous arrivons peu à peu à un système universel de guérisons et de drogues qui rendra les générations débiles, appauvrira la vitalité humaine et enfin hâtera l'apparition d'un second terme dans la progression de la durée. Qui peut dire, en effet, que la statistique de la vie ne se balance pas sur deux termes? Sur une progression ascendante et descendante, comme toute chose, et que nous ne marchons pas vers ce premier terme d'une période de diminution?

Il est difficile de répondre à cela d'une manière satisfaisante; d'ailleurs, ne serait-il

---

Il est évidemment certain (pour ceux qui, réduisant d'un coup d'œil toutes les petites aberrations arbitraires à leur dénominateur commun, savent que d'un mot dévoyé de son acception réelle, peut partir une irradiation indéfinie de sottises), il est, disons-nous, certain que, étant tenu compte de la hausse naturelle des populations, la mortalité suit avec sa fidélité ordinaire et ponctuelle la progression des dénombrements, tout comme autrefois. Le nombre et la variété des maladies augmentent en germes cachés, l'homme se créant des habitudes, conséquences des autres branches du progrès, et l'explosion d'une débâcle imminente ne doit, certes, pas être considérée comme absolument impossible.

Non seulement les anciens nous surpassèrent, de l'aveu des modernes, dans leurs théories hygiéniques et dans leurs applications de ces théories, mais, dans l'art de guérir leurs maladies, l'expérience paraît démontrer qu'ils réussissaient dans la même proportion que nous. Il ne faut pas omettre, d'ailleurs, que même de nos jours les anachorètes perdus dans les Thébaïdes, les empiriques et les jongleurs de l'Orient, les derviches de la Haute-Égypte, etc., ont aussi leurs manières extra-scientifiques de guérir les plus horribles maux qui aient jamais affligé notre espèce, et cela d'une façon bien autrement rapide et radicale que ne guérissent les médecins d'Europe.

pas permis d'ajouter qu'un soulèvement, une oscillation aux pôles, une saccade volcanique,

---

Il va sans dire que nous ne pouvons entrer ici dans les moindres développements, et qu'il ne nous est même pas permis d'indiquer d'une façon sommaire l'état d'une seule question actuelle. Nous avons le regret d'être obligé de passer vite, et nous n'avons d'autre prétention, dans ces notes, que celle de formuler à grands traits un point de vue possible.

La médecine est liée à la chimie d'une telle sorte qu'on pourrait avancer que l'une est en face de l'autre. Prenons un détail de cette nouvelle science : nous sommes arrivés en chimie à résumer le mystère, — ou du moins l'une de ses parties les plus abstraites, sur l'hydrogène : on est à peu près certain, aujourd'hui, que le poids atomique de tous les corps n'est qu'un multiple exact du sien. Or, qu'est-ce que l'hydrogène ?... Une qualité ! — Toujours des qualités ; jamais de principes ! « C'est la devise et la justification du progrès indéfini !... » s'écrient les cent ou deux cents millions d'hommes qui peuplent chaque jour, du matin au soir, les trois cent mille cafés de l'Europe et qui ont la bonté, après avoir ruminé synthétiquement une masse indigeste de gazettes, de donner humblement le ton à l'Esprit humain. — Il suffit d'affirmer ce qu'ils disent pour en voir l'incertitude. Dans tout cela, certes, il y a une chose fort belle et fort mystérieuse : c'est le sérieux de l'humanité créant une logique en toute chose, sans savoir pourquoi, ni un de ces tremblements qui sont les accidents périodiques du globe, la condition *sine quâ*

---

comment ; mais, comme le disaient dernièrement des astronomes en proie au saisissement de nous ne savons plus quelle alerte céleste : « Est-ce bien avoir raison que de n'avoir pas le temps d'avoir raison ? » Ah ! nous nous amusons dans les ténèbres à reculer d'insignifiantes décimales ; nous croyons comprendre un phénomène parce que nous le nommons suivant telle condition de notre langage, comme si c'était là son vrai nom ! Les choses restent aussi cachées qu'autrefois et l'on n'y voit réellement clair nulle part dans ce siècle de lumières ; témoin ces deux savants qui, stupéfaits d'une question de physique, se disaient l'un à l'autre (et quelques-uns peuvent avoir entendu citer le fait en 1861, par un éminent rationaliste, aux cours de chimie du Collège de France, — au front de la planète et de l'humanité scientifique) : — « L'absurde lui-même n'est peut-être pas impossible. »

Voilà donc le cri suprême que la raison est contrainte, à chaque instant, de pousser aujourd'hui, après six mille ans de labeurs et de rêves, ce qui ne laisse pas que d'engendrer certaines réflexions au sujet de l'authenticité du progrès.

Ajoutons, en passant, que nous avons bien peu de spectacles capables de lutter en splendeur avec Babylone, Memphis, Tyr, Jérusalem, Ninive, Sardes, Thèbes, Ecbatane, etc., etc., et que, sous le rapport de l'esthétique, les modernes le cèdent aux anciens.

non et le régime de la planète (révolutions que la géologie découvre par milliers), qu'un

---

D'autre part, la massue du vieux Caïn se déguise, mais la flèche, l'épée ou le canon s'entre-valent ; les engins de meurtre s'universalisant, la supériorité disparaît : le progrès devient compensation. « Nous marchons à l'abolition des guerres ! » disent les « agrandisseurs de l'horizon intellectuel ». — Il faut avouer qu'on ne s'en aperçoit pas beaucoup jusqu'à présent.

L'homme ne se nourrit pas seulement de pain : qu'est devenu l'idéal ? Nous ne le trouvons plus nulle part, même dans les cieux. Pareils au Jupiter olympien, les penseurs ne daignent rien voir. — Eh ! loin de nous l'idée absurde de nier lourdement le progrès : L'homme qui mit un pied devant l'autre créa le progrès. Mais que le progrès puisse sortir d'un cercle excessivement restreint, ou démontrer autre chose que notre dépendance indéfinie et notre ignorance finale, c'est ce qu'il est permis de révoquer en doute. On fait trop bon marché de la science des anciens ; on s'imagine volontiers une grande différence entre leur niveau philosophique et le nôtre. Reste à savoir si le *calme* au sujet de l'idée de Dieu est un progrès, ce que personne ne pourrait démontrer d'une manière très nette. L'immensité leur était aussi bien inconnue qu'elle est inconnue pour nous autres ! et, en se rappelant le moindre détail d'astronomie, on s'aperçoit qu'ils s'occupaient, avec méthode et ferveur, de la grande question. —

accident de cette nature, enfin, sans parler de l'hypothèse désormais très présentable d'un

---

Par exemple, il y a deux mille ans, — pour citer un fait entre mille, — l'observateur d'Alexandrie, ayant inventé la sphère armillaire moderne et fixé, par à peu près, l'obliquité de l'écliptique, obtenait pour l'arc du méridien compris entre les tropiques une expression où la science actuelle précise à peine une inexactitude à peu près insignifiante. En vérité, les pas que nous avons faits dans presque toutes les sciences pourraient se représenter par les deux petites virgules de différence entre un calcul de vingt siècles et le nôtre. Il y a quatre mille deux cents ans, les Chaldéens trouvaient leur triple zaros lunaire après des calculs nécessairement assez compliqués.

Les Juifs étaient fort au courant de la période de nos années, qu'on prétend avoir été découverte par nous ne savons plus quel moine scythe ou lapon en l'an 500 de notre ère : il suffit de jeter les yeux sur leurs livres pour le voir. — Il y a trois mille ans, les Chinois remarquaient la mobilité de l'écliptique en observant l'aiguille d'un cadran solaire, et l'invention de ce cadran se perd dans la nuit de l'histoire. Il y a deux mille deux cents ans, les Babyloniens en découvraient encore d'ingénieuses variétés. La découverte des précessions équinoxiales date de deux mille trois cents ans ; sans le prétendu hasard qui nous a fait « découvrir » l'optique, il y a cinq siècles (laquelle remonte à trois mille ans d'après les traités choc, suffirait pour que tout notre progrès courût grand risque d'aller rejoindre, à son

---

d'optique de Ptolémée), et, par suite, la science des réfractions de la lumière, nous ne saurions pas grand'chose de plus que les anciens en astronomie.

Et que savons-nous, malgré cela ? Nous connaissons quelques millions d'étoiles ainsi qu'une partie des phénomènes de leurs évolutions variées : les enfants d'aujourd'hui, plus analystes que les petits pâtres chaldéens, peuvent, en divisant une seconde au degré sur le parcours d'un rayon, savoir la distance qui nous sépare de chacune d'elles, et peser la substance dont elles sont composées en calculant la force d'attraction les unes des autres. — Cette affirmation que tout le système solaire, — que l'*Univers*, comme on dit, — ne pèse pas seulement un sextillion de livres (s'il est vrai que deux et deux fassent quatre), pourrait même, selon nous, éveiller un sourire dont le scepticisme convenu ne serait pas tout à fait exempt d'horreur.

Oui ! nous avons analysé le faisceau d'angles lumineux qu'un rayon parcourant près de cent mille lieues par seconde vient projeter sur notre œil après avoir franchi, durant au moins dix ans, les vastes abîmes de l'éther et les dix mille kilogs d'atmosphère dont l'œil humain supporte la pression, et nous avons perfectionné nos lentilles, inventé les polariscopes, rapproché un peu le ciel : ce qui revient à dire, au fond, que nous jouissons, grâce à nos puissants instruments obtenus par tant de travaux, de sang et de rang, les civilisations assyriennes, les empires des vieux mondes et la science des mages

---

veilles, d'une vue un peu meilleure que celle de ces Allemands qui, au dire de la science, distinguaient à l'œil un des satellites de Jupiter, les anneaux de Saturne, et qui marquaient, un crayon à la main, des distances de nébuleuses. Le télescope est peut-être comme la béquille de nos yeux affaiblis et malades ! Qui sait jusqu'où les premiers hommes *voyaient* naturellement ? Que le monde soit âgé de six mille ans, ou d'autant de milliards de siècles, tout cela se vaut sous la réflexion : il faut toujours en venir au *commencement*, c'est-à-dire au non-sens, au mystère, à l'immémorial, à l'absurde. Les données que nous avons aujourd'hui dans le détail du ciel, ou dans ses lois générales, seront renversées demain, peut-être, par d'autres données et d'autres lois, — et voilà tout notre substratum.

Déjà des critiques s'élèvent et d'une manière très suffisamment spécieuse pour être digne d'attention.

Cependant, bien que la plupart des astronomes regardent le firmament comme l'anatomiste regarde un cadavre, il n'en est pas moins resté superbement inconnu. Mais on dirait que le *public* n'a plus le temps de penser à lui ! A peine ressentons-nous quelquefois son vertige divin ! Les Chaldéens concevaient la grandeur des rapports qui peuvent nous unir à son silence. « Imaginations de pasteurs grossiers ! » dit-on. Mais toute réalité suppose une hiéroglyphytes, dans la suprême nuit de l'éternité ?

---

imagination antérieure qui l'a pensée. — Où commence, où finit *l'imagination ?* Ce qu'elle voit, est ou n'est pas : si ce n'est pas, comment se fait-il qu'elle puisse le voir ?... Si c'est au contraire, qu'est-ce que la *réalité* d'un corps peut ajouter de plus à la sienne, pour nous, puisque tout finit par disparaître *pour nous ?*

Ah ! les enfants de la Chaldée, errant sur les montagnes au milieu du vent nocturne, la ressentaient bien, cette poésie qui est la conscience de la nature, et ils avaient bien raison d'attacher, d'un regard de foi dépassant les progrès futurs, leurs obscures destinées au cours lumineux d'une étoile, et de créer ainsi, dans tout l'infini de leur pensée, un rapport irrévocable de leur humilité à sa sublimité.

CHAPITRE VIII.

Isis.

> « Cherchez, et vous trouverez. »
> « En vérité, en vérité, je vous le dis : Celui qu
> » veut conserver sa vie la perdra ; celui qui veut
> » la donner la retrouvera. »
>
> (Jésus-Christ.)

A vingt ans et demi, Tullia Fabriana se trouva seule au monde.

Cette tendance de son esprit aux profonds recueillements, tendance qui, au dire des physiologistes, accompagne presque toujours, chez la femme, une complexion disposée à la stérilité, s'était déjà si aggravée en elle, que ses sens, restés neufs, ne la sollicitèrent pas.

Les plus attrayantes distractions lui parurent d'assez peu de valeur, ses travaux ayant suffi pour la blaser d'avance des plaisirs, des triomphes et des amours. Le plus sombre dédain commença d'emplir son cœur ; malgré son indifférence, elle pensa que, étant belle, il pouvait lui arriver d'être aimée ; et comme elle ne tenait pas plus à ressentir les bonheurs de l'amour partagé qu'à causer les tristesses de l'amour solitaire, elle se trouva une exception humaine.

Alors, elle se décida pour un éloignement, elle s'isola, sans se retirer tout à fait, sans cesser de faire le plus de bien possible autour d'elle avec la plus large part de son immense fortune, et n'accepta du dehors que le respect de son nom.

Dans le recueillement de sa retraite, elle rêva magnifiquement sur elle-même et sur le monde et s'abandonna tout entière aux sublimes attirances de la Pensée.

Jeter un coup d'œil désillusionné et rapide

au fond de son effrayante science, la résumer au point de vue de la nature et de l'histoire, arriver à lier, par séries de rapports, les perspectives et les fins particulières de toutes ces observations jusqu'à la question philosophique, cela fut l'œuvre de quelques mois pour sa redoutable intelligence.

Un soir, déterminée à penser par elle-même, elle ferma ses lourds volumes de métaphysique et s'accouda, comme toujours, sur sa table d'études. — Sphinx !... ô toi, le plus ancien des dieux !... murmura la belle vierge prométhéenne, je sais que ton royaume est semblable à des steppes arides et qu'il faut longtemps marcher dans le désert pour arriver jusqu'à toi. L'ardente abstraction ne saurait m'effrayer ; j'essaierai. Les prêtres, dans les temples d'Egypte, plaçaient, auprès de ton image, la statue voilée d'Isis, la figure de la Création ; sur le socle, ils avaient inscrit ces paroles : « Je suis ce qui est, ce qui fut, ce qui sera : personne n'a soulevé le voile qui me couvre. » Sous la transparence du voile, dont les couleurs éclatantes suffisaient aux yeux de la foule, les initiés pouvaient seuls pressentir la forme de l'énigme de pierre, et, par intervalles, ils le surchargeaient encore de plis diaprés et mystérieux pour mettre de plus en plus le regard des hommes dans l'impuissance de la profaner. Mais les siècles ont passé sur le voile tombé en poussière ; je franchirai l'enceinte sacrée et j'essaierai de regarder le problème fixement.

Au moment d'entrer dans le royaume de la méditation solitaire, la jeune femme se surprit à détourner la tête et à jeter, pour la première fois, sur le rêve de la vie, des regards de douceur. Oui, pour la première fois, elle aurait voulu croire, aimer, oublier!...
— Bientôt, dédaigneuse et grave, elle résista fermement et tendit toutes les puissances de son esprit vers les plus vertigineux sommets de l'Idéal.

Les jours et les nuits se passèrent.

Satan, d'après le poëme symbolique, ayant forcé les portes de l'enfer, regarda les ténèbres et s'élança dans leurs profondeurs à la recherche de l'Éden. Ses ailes battaient dans le vide que ses regards exploraient. Ainsi l'âme qui, venant d'échapper à son cachot (¹) par la conscience de l'identité (²), se précipite dans le mystère de l'Être (³) pour y trouver

---

(1) Le moi. — Voyez Fichte, *la Logique*. — Voir aussi *Traité des Sensations*, par l'abbé de Condillac, et Lélut, *Physiologie de la Pensée*.

(2) Voir Schelling, *Idéalisme transcendantal*, et ne pas tenir compte de ses notes (dans l'*Appréciation des Œuvres de M. Cousin*) au sujet de Hégel, notes dans lesquelles se trouve cette proposition : « Ce qui *est* est le primitif; son être n'est que l'ultérieur, » etc., — attendu que ceci n'est d'aucune nécessité, ne se prouve point et ne se pense pas plus que la proposition de Hégel.

(3) Voir Hégel, logique, *la Science de l'Être*. L'identité de l'être et du néant, considérés dans leur *en soi* vide et indéterminé. Les personnes qui ne sauraient pas l'allemand peuvent consulter la belle traduction de M. Véra, l'un des monuments philosophiques de ce siècle.

la cause et la raison des déterminations ultérieures, réalise cette conception.

Que de systèmes, anéantis sitôt que parus, flamboyèrent devant cet esprit !

Les jours et les nuits se passèrent.

Chose bien remarquable ! Des considérations résultant d'un point de vue assez éloigné de celui où se placent, d'habitude, la plupart des femmes, l'induisirent à ne pas oublier l'extériorité de sa personne, malgré ses terribles études, — enfin à ne pas se négliger physiquement. Elle se décida pour un genre de vie soutenu par une méthode dont elle avait étudié les secrets et qui lui conserva sa magnifique pâleur de roses blanches et la fraîcheur de son beau sang. L'on sait que les climats italiens et, en général, presque tous ceux des contrées mériodionales, favorisent et même imposent hygiéniquement l'abstinence ; ainsi la sobriété avec laquelle vivent les gens du peuple, en Italie, et leur privation constante d'aliments fortifiants ne nuisent pas à leur nature ; grâce à la nourrissante atmosphère qu'ils respirent, ils se portent aussi bien que ceux du Nord.

Comme Fabriana tenait à maintenir son esprit dans le merveilleux état de santé lucide où il était, non seulement l'idée de plaisirs gastrosophiques l'eût modérément transportée, mais, secondée par le climat de Florence, elle devait adopter un régime d'une sévérité dont sa constitution de marbre ne pouvait se trouver que fort bien.

Elle ne buvait jamais que de l'eau froide et dorée par quelques gouttes d'élixir ; la nuit, lorsqu'elle avait bien faim, elle se suffisait avec un peu de pain ; quelquefois des glaces, des oranges et du thé ; rarement elle désirait des choses plus succulentes.

Cet ascétisme lui évita les temps perdus et les ennuis de la maladie ; et elle se trouvait toujours reposée.

Elle se levait, se baignait aux jardins, s'enveloppait d'un peplum, vêtement dans lequel elle se trouvait plus à l'aise et plus rapidement habillée ; elle venait ensuite dans la bibliothèque, s'étendait sur un sopha, pensait de longues heures sans quitter son attitude accoudée sur les coussins, — excepté pour feuilleter de temps à autre un livre de philosophie ou de mathématiques et parcourir un passage. Elle ne prononçait jamais une parole : ses yeux demi fermés ne brillaient pas ; un signe d'admiration, de crainte ou d'espérance ne la fit jamais tressaillir ; — seulement des gouttes de sueur perlaient sur ses tempes, roulaient jusque parfois sur ses cils, comme des pleurs sublimes, et, pareille à la grande Isis, elle s'essuyait alors avec le voile.

Les jours et les nuits se passèrent.

Cependant le soleil était radieux sur les campagnes ; les enfants s'aimaient dans les forêts, la nature était paisible ; le printemps de sa jeunesse lui disait, dans la voix de ses brises venues du ciel, dans le parfum de ses fleurs gonflées de sève, le chant mélancolique des anciens : « Cinthie, les jours et les nuits s'écoulent ; tu oublies de vivre ; ne veux-tu pas faire comme les enfants, puisque tu es jeune et que tu es belle ? »

Ses veilles se prolongeaient quelquefois jusqu'au matin et toujours dans ce profond mutisme, dans cette intensité d'abstraction que ne venait trahir nul signe extérieur, et qui, depuis deux années d'identité, était devenu quelque chose d'effrayant ; ses sommeils devaient être évidemment une continuation de fatigue. Jusqu'où cette femme avait-elle plongé ? Était-il possible d'admettre, vis-à-vis d'une pareille énergie, qu'elle rêvait au hasard en se laissant éblouir par tous les mirages de l'objectivité ? Non ! non ! la grande solitaire, à la pensée brève et robuste, devait savoir ce qu'elle faisait. L'immémorial mystère qui fait, selon nous, le fond du monde, ne pouvait pas avoir échappé à sa conscience ni à son esprit ; peut-être que, parvenue à sa hauteur, elle cherchait un point de départ plus satisfaisant que la Nécessité (¹).

Un incident qui pouvait devenir très grave et très malheureux pour son existence, et que nous ne devons rapporter qu'à cause du caractère purement poétique dont il s'enveloppa, survint dans son existence vers la fin de la troisième année.

Une nuit, Tullia Fabriana, renfermée et isolée dans sa pensée, comme toujours, était assise devant sa table : la lampe de fer, placée auprès d'elle, laissait dans l'obscurité les profondeurs de l'appartement, mais éclairait en plein cette physionomie tranquille dont les regards tout intérieurs paraissaient contempler des firmaments inconnus.

Oh ! le monde visible ! la *chose* qui trouble, malgré sa contingence insignifiante ! Il faisait une nuit malsaine, lourde et gonflée d'orage.

---

(1) Ceci soit dit sous le critérium hégélien, et avec une réserve dont l'explication devra être donnée dans le second volume de cet ouvrage.

Pareils à de lointains hurlements poussés de ce côté par la planète, les convulsions de l'électricité se prolongeaient dans les montagnes. Le ciel avait des teintes d'or, de jais et de bistre ; des nuages immenses arrivaient en toute hâte ; la jeune femme pouvait entendre ces coups sourds, éloignés et confus dont le murmure, emporté par le vent pluvieux et tiède, entrait par les croisées ouvertes. On eût dit que la nature extérieure voulait la prévenir à l'oreille de l'attention fixée sur elle quelque part.

Elle se leva tout à coup. C'était le premier geste de sa méditation ! Ses yeux profonds et noirs brillèrent comme deux flammes. Son visage était pâle comme la mort.

Il y avait dans la grande bibliothèque une sphère céleste de dimensions colossales ; elle se trouvait placée en face d'une vaste fenêtre à vitraux toute grande ouverte. La nuit incendiée par les éclats de la foudre faisait, avec une vie merveilleuse, étinceler comme des astres véritables les innombrables étoiles d'or et d'argent incrustées sur l'énorme boule bleue. Une spirale aux degrés de velours entourait cette sphère; au sommet, sur une plate-forme étroite, étaient jetés deux ou trois coussins et des instruments d'astronomie étaient épars sur ces coussins.

La lampe brûlait sur la table.

Tullia Fabriana, — sans doute l'orage l'avait indisposée un moment, — porta la main à son front. A voir l'expression fixe de ses regards, il devenait présumable que le ciel, la terre et la nuit étaient loin de sa pensée, et qu'elle ne savait ni n'entendait rien de ce qui se passait autour d'elle.

Elle s'approcha de la sphère à pas lents, monta les degrés, et jetant les compas sur le tapis, elle chancela. Sa tunique, désagrafée comme un manteau, glissa le long de son corps; ses cheveux déroulés autour d'elle l'enveloppèrent, et, aux lueurs de la nuit, ils ressemblaient à des rayons.

Elle apparut, blanche et lumineuse, sans remarquer la profondeur de l'orage et des ténèbres, sans prendre garde à l'espace brutal et noir !... Elle apparut, comme la déesse de ces nuits d'horreur, où ceux qui cherchent ne trouvent pas.

Mais à quoi songeait-elle ? A quels étonnements son esprit pouvait-il s'abandonner pour la première fois ?

La foudre entra, comme par hasard, avec un hideux éclair, par la fenêtre ouverte, dans l'appartement, à l'instant même.

Le fluide la jeta évanouie sur la sphère de porphyre. Elle resta renversée sur le dos, les membres étendus, les cheveux flottants, les yeux fermés, au milieu de la monstrueuse commotion du tonnerre.

Par un de ces effets, un de ces absurdes et heureux prodiges que la foudre commet quelquefois, elle ne fut pas blessée. Aucun mal. La secousse ayant été seulement d'une grande violence, elle resta plusieurs heures sans mouvement, comme accablée. A part cette fatigue, l'électricité ne lui laissa aucun souvenir de sa visite.

Lorsqu'elle revint à elle, il faisait grand jour ; le temps était superbe ; la bonne odeur de l'herbe après l'orage embaumait les airs ; elle s'accouda, rêva quelques instants, puis se leva et descendit sur le tapis.

Une fois vêtue, elle alla vers la fenêtre, regarda les arbres, le ciel, les fleurs, l'espace immense.

— Cinq heures de perdues !... dit-elle avec beaucoup de douceur.

Ce fut tout, et quelques minutes après, elle parut avoir oublié le terrible incident qui était venu la troubler à cause de l'imprudence qu'elle avait faite de laisser les fenêtres ouvertes pendant les nuits d'orage.

Quelques jours après, elle changea tout d'un coup sa manière de vivre. Elle passa les journées seule, à cheval, à courir dans les vallées, et ne s'en retournant au palais que le soir.

Depuis cette nuit extraordinaire, ses traits

avaient pris l'expression d'une tranquillité de statue : on eût dit que ce n'était point la fatigue qui l'avait fait se lever en sursaut, et que ce n'était pas l'orage qui l'avait pâlie !... Elle paraissait simplement suivre, depuis son réveil, les immenses enchaînements d'une pensée unique.

Un jour, elle revint dans la bibliothèque. Elle ouvrit l'un des volumes de magie, et après de longues heures, ayant aligné quelques chiffres sur la marge avec son crayon : — « C'est bien ! » — dit-elle à voix basse, et elle ajouta sourdement : — « J'attendrai. »

Les jours et les nuits se passèrent.

Elle ne perdait pas de vue le monde ; le monde ne pouvait la troubler. Elle assistait assez volontiers aux soirées et aux bals. Elle y tenait son rang superbe.

Elle causait, sans ennui, de choses et de détails usuels et souriait gracieusement au milieu de réparties enjouées. Certes ses brillantes amies et ses danseurs ne se doutaient guère que leurs compliments et leurs paroles tombaient dans son âme profonde, comme en hiver les sons de cloche des hameaux tombent, emportés par les rafales nocturnes et lointaines, dans la désolation de l'espace...

A cette soudaine velléité de distractions, il eût été possible de penser que, défaillante comme les autres devant le Problème, elle avait intérieurement renoncé à franchir le passage. Mais elle avait un double aspect : son regard fixe, son immobilité dans la solitude, et, dans le monde, cette simplicité, cette insoucieuse élégance de paroles, témoignaient par leur ensemble qu'elle avait une raison pour agir de la sorte et que son idée était passée dans la sphère de l'action.

Le génie ne se paye pas d'un découragement, et c'est pour cette raison qu'il est le génie. Il est pareil au soldat frappé dans l'emportement de la mêlée, qui, ne s'apercevant pas de son sang perdu, continue à marcher sur l'ennemi et ne s'arrête qu'au moment où il remarque la mort, c'est-à-dire son devoir terminé.

La pensée de Tullia Fabriana ne devait pas avoir bronché dans les abîmes ; il était clair que, pareille au plongeur de la ballade, elle rapportait la coupe d'or à quelque roi inconnu.
— Maintenant, c'était passé !... La lutte était finie ; l'ange était vaincu. Les sueurs mortuaires de l'angoisse, la vaste épouvante du désespoir, la sublime extase de la vie éternelle, tout cela formait, au fond de son âme, un sombre amas de souvenirs. Elle était comme un voyageur qui revient des pays inconnus. Son front grave avait la beauté de la nuit : c'était la reine du vertige et des ténèbres. La terre, ses climats et ses races devaient lui apparaître comme sur une toile aux rapides et fantastiques visions. Peut-être avait-elle découvert, au sommet de quelque loi stupéfiante, le vivant panorama des formes du Devenir ; peut-être que l'abstraction, à force de splendeurs, avait pris pour elle les proportions de la suprême poésie.

En toute certitude, une pareille âme ne devait pas être dupe de son ombre, et si elle avait posé quelque point, si elle s'en était tenue à quelque chose, c'est qu'il l'avait fallu. Ce ne pouvait pas être pour le seul plaisir de suivre des idées au vol qu'elle s'était déterminée à côtoyer, à chaque heure du jour et de la nuit depuis trois années, la folie, le délirium tremens, les fièvres d'hallucination, etc., et tout le cortège de la Pensée.

Elle était parvenue à cette hauteur où les sensations se prolongent intérieurement jusqu'à s'évanouir d'elles-mêmes ; c'étaient comme des rapprochements familiers de ses actions présentes avec des souvenirs confus... Des avertissements lui venaient de toute part, de l'Impersonnel, silencieusement. Ces phénomènes se posaient devant sa pensée comme devant un miroir impassible : une obscurité imprévue pesait sur ses moindres actions ; il lui semblait qu'elle distinguait, sans efforts, le point où les profondeurs de la vie banale vont s'enchaîner aux rêves d'un monde invisible, de sorte que les détails de chaque jour, devenus définis, avaient une signification lointaine pour son âme.....

Elle avait vingt-quatre ans. Elle avait voyagé, comparé, médité sur les lois sociales, appris les détails des grandes causes ; à dater du jour où elle avait parlé seule, sa volonté parut avoir pris possession d'une idée fixe. Elle se remit à voir le monde, à le voir d'une manière suivie et calculée : trois années se passèrent, et ces trois ans après, à vingt-sept ans, celui qui eût pénétré dans sa vie intime, eût été surpris d'y reconnaître un côté nouveau et fort singulier. — Une fois, dans le temps, une circonstance dont l'origine obscure semblait se rattacher à des questions peu importantes pour elle, l'avait impliquée au milieu d'une vaste et royale intrigue dont elle avait accepté le rôle le plus difficile et qu'elle avait menée à bien.

Elle en avait profité, par présence d'esprit, pour s'approprier d'inestimables secrets. Outre sa fortune dont l'origine était suffisamment reconnue et définie, elle avait dans sa mémoire une autre fortune et un grand pouvoir. En sondant plus loin, on eût découvert une chose merveilleuse : c'est que, à force d'habileté pratique, de relations élevées et de science du détail, elle avait fini très rapidement, sans être remarquée, par dominer, sans bruit et comme en se jouant, presque tous les hommes de valeur disposant d'une force matérielle en Italie.

Cette puissance cachée s'étendait jusqu'aux États romains. Du fond de son palais, elle exerçait sur les divers actes des gouvernements la suprématie qu'elle s'était acquise en vue d'un but indéfinissable. Elle s'était déterminé à elle-même, sans aucun doute, des résultats à venir, — mais la profondeur en échappait à ses plus subtiles créatures. Ceux qui la servaient en vertu d'obligations tacites ou d'espérances intéressées étaient loin de se douter de leur nombre. Bien plus ! en politique, elle passait, aux yeux les plus clairvoyants, pour une femme indifférente ou de portée ordinaire ; car, par un trait de dissimulation magistrale, elle parvenait à laisser croire qu'on agissait de soi-même. Elle écrivait peu cependant, et voici pourquoi ses lettres étaient plus compromettantes pour celui qui les recevait que pour elle.

Elle répétait mot pour mot d'abord la demande qu'on lui faisait, ce qui spécifiait clairement et sans ambiguïtés possibles, le sens exact de la réponse ; maintenant, 1° si la question n'était point posée dans des termes suffisamment précis pour pouvoir, au besoin, devenir une arme entre des mains expertes, elle répondait d'une façon vague et brève ; 2° si elle jugeait qu'on s'était livré à elle, elle renvoyait purement et simplement la lettre, avec un « oui » ou un « non » au verso, de telle sorte qu'on ne pouvait montrer la réponse sans la demande. Elle restait ainsi toujours libre et sûre d'elle-même. Cette méthode avait ceci de réellement très fort, qu'elle déconcertait les soupçons de ceux qui pouvaient la croire d'une certaine envergure de desseins, puisqu'elle leur rendait leurs armes ; mais on ne songeait pas à cette conséquence :

Elle évitait par là ces divers commentaires auxquels est exposée la conduite d'une femme dont on redoute l'influence, parce que, n'ayant qu'à se louer d'elle, on n'était pas pressé d'en faire parade, cela supposant infériorité.

Peu de bruit se faisait donc en diplomatie autour de son nom. Les mailles solidement ténues de ce réseau dont elle enveloppait, dans l'obscurité, une bonne partie des arrêts de la politique impériale ou romaine, aboutissaient à son doigt par un suprême anneau qu'elle mouvait de temps à autre.

Bien que, dans ses voyages, elle ne parût qu'à de longs intervalles aux grandes réceptions des nonciatures, aux soirées officielles des consulats ou plutôt des préfectures d'Autriche et aux bals flamboyants des ambassades de France, d'Angleterre et d'Espagne ; bien que l'accueil dont on l'y acceptât n'eût jamais donné lieu de soupçonner des liens de plus intime déférence que celle due à son rang ou à ses prestiges personnels, elle aurait presque infailliblement prédit le jour où tel décret serait signé par un pontife, un parlement, une reine ou un empereur.

Que se proposait-elle d'atteindre ?... Que voulait-elle amener ?... Que lui importaient ces manœuvres, à elle, dont les habitudes et les goûts étranges mettaient l'existence en dehors de toute lutte sociale ?... A elle qui ne ressentait aucun désir d'augmenter sa position ni d'être utile à celui-ci ou à celui-là ?... Aucune patriotique illusion ?... A quoi bon cette trame permanente, souterraine, qu'elle tissait froidement depuis trois ou quatre années ?... C'était impénétrable.

Toujours est-il que son plan, quel qu'il fût, restait, à cause de ces manières d'agir, enveloppé de ténèbres et d'inattention.

C'était donc chez cette femme extraordinaire

qu'étaient venus ce soir-là le prince Forsiani et son jeune ami le comte Wilhelm. Ils attendaient dans un salon.

CHAPITRE IX.

La présentation.

> « Almanzor, voiturez-nous ici les commodités
> » de la conversation. »
> (MOLIÈRE, *les Précieuses*.)

La marquise entra.

Le salon donnait sur les jardins. Devant les grandes croisées entr'ouvertes, les draperies remuaient légèrement. Des dalles blanches tenaient lieu de tapis ou de parquet. Les housses de gaze argentée nouées au bout des torsades enveloppaient les lustres du plafond. Çà et là de lourdes chaises d'ébène sculpté, tendues en velours noir, et un sofa pareil, près d'une fenêtre. Sur les boiseries de couleur sombre se détachaient, dans leurs cadres d'or, de magnifiques peintures du Guide et du Titien. Une torchère pleine de bougies, placée derrière une vasque de marbre d'où s'échappaient de grosses gerbes de fleurs naturelles, éclairait l'appartement. La haute cheminée aux candélabres éteints, supportait une grande pendule en bronze de Florence : des panneaux armoriés indiquaient des portes sur d'autres salons du palais.

Les deux gentilshommes étaient debout vis-à-vis d'un tableau.

Tullia Fabriana les salua d'un mouvement de tête, demi-souriante. Le prince, avec une négligence amicale, d'un tact et d'un goût parfaitement mesurés, s'inclina ; Wilhelm s'inclina aussi, mais troublé comme par un éblouissement.

La marquise, avec un signe d'approcher, vint auprès de la fenêtre. Le prince Forsiani prit le jeune homme par la main :

— Madame la marquise, dit-il, j'ai l'honneur de vous présenter le comte de Strally-d'Anthas.

Tous deux prirent place devant la jeune femme. Elle s'était appuyée, en s'adossant, les mains à moitié jointes : son coude reposait sur l'un des bras du sofa.

— Monseigneur, ne me disiez-vous pas, hier au soir, que vous deviez nous quitter cette nuit même ? demanda-t-elle.

— Oui, madame : et, si quelques soins vous inquiétaient près de la cour de Naples, serais-je assez heureux d'y veiller à votre place ?

— La reine m'a fait l'honneur de m'écrire la semaine passée, et deux lignes, ajoutées par lord Acton, exprimaient d'assez vives instances au sujet d'une réponse immédiate. Plusieurs difficultés ne m'ont point permis de le satisfaire avant ce soir. Je désire simplement offrir à Sa Majesté mes regrets de ne pouvoir lui être utile dans les circonstances dont elle me parle, — et, puisque vous me laissez disposer de votre complaisance...

Le prince Forsiani s'inclina.

— Mon absence ne sera pas longue, je l'espère, ajouta-t-il.

Pendant que Fabriana parlait, Wilhelm était devenu la proie d'un phénomène d'une froide horreur.

Cette *voix*, ce timbre de *contralto velouté* ne lui était pas inconnu, cela était certain.

Mais — et l'intensité du sentiment avait pris en lui les proportions d'une réalité évidente — il lui semblait que ç'avait été bien loin, dans l'impalpable passé, au milieu de pays frappés d'un silence sans échos, silence terrible, dans des âges oubliés dont il ne pouvait concevoir la date, que ç'avait été dans ce néant qu'il avait entendu la *voix*. Il se rappela les singulières confidences du prince dans les Casines et il eut assez d'empire sur lui-même pour demeurer d'un visage égal.

Cette hallucination ne dura qu'un instant. « J'ai rêvé, » pensa-t-il ; et il ne s'en inquiéta pas davantage.

On causa de choses de hasard pendant quelques minutes, puis cela fut ramené aux affaires du temps. Sur une allusion que parut avancer le prince Forsiani au sujet de la paix ou de la guerre, la marquise le regarda :

— Votre Excellence me pardonnera, dit-elle : je ne désire connaître aucun détail, mais je pensais que l'embassade avait en vue des motifs d'un ordre différent.

— Ces motifs touchent aux intérêts les plus graves, répliqua Forsiani. La question des finances de Naples est très obscure : les valeurs, sans doute à cause des excessives dépenses de la cour, sont tombées dans un discrédit si fâcheux aujourd'hui, que, — un juif aisé, par exemple, s'il savait acheter d'une certaine façon, pourrait s'installer, demain peut-être, sur le trône de Gonzalve de Cordoue. Cela réaliserait une miniature assez triste de ces banquiers de l'ancienne Rome qui trafiquaient de la puissance impériale. Voilà cependant le résultat vers lequel nous allons.

— Ah ? dit Tullia Fabriana, toujours impassible.

— Je le crois, ajouta le prince. En vérité, ces questions finissent par dominer toutes les autres ; les peuples menacent, l'avenir s'assombrit.

— C'est vrai, dit la marquise, et il me vient une amusante idée. Si, par miracle, et toute pavoisée, une flotte lui arrivait du ciel, — un peu comme cette manne suprême que les Hébreux avaient si grand soin de recueillir autrefois, — pensez-vous que le roi Ferdinand la refuserait ?

Ce fut le tour du prince Forsiani de regarder Fabriana.

— La résignation aux coups du ciel est une vertu royale, belle dame, répondit-il.

— La résignation !... D'après vos paroles, serait-il bien surprenant que Sa Majesté sicilienne fût mise à même, bientôt peut-être, de la pratiquer fort sérieusement ? Est-il défendu de supposer l'existence de ceux qui savent acheter les choses avec de l'acier, du or et du plomb, à défaut de métal plus précieux ?

Et elle se mit à rire.

— Les Lamberto Visconti se font rares, Madame : de tels exemples sont devenus si difficiles à suivre !... Jouer sur un coup de dés son existence contre l'avantage d'être roi, n'est plus une chose si attrayante.

— Croyez-vous, Monsieur de Strally ?... demanda la marquise en souriant.

— Madame, répondit Wilhelm, j'estime que se trouver seulement à même de risquer cette partie est une précieuse faveur du destin.

— Est-ce que vous seriez attristé de votre sort si, l'ayant essayée, vous aviez perdu ?

— Non, madame.

— Que vous disais-je, prince ?

La voix douce de Wilhelm, le naturel de sa tenue accomplie, excluaient de ses réponses toute idée d'ostentation. C'était un grand seigneur ; il parlait simplement. Le trouble et l'émotion ardente qu'il comprimait ne pouvaient transparaître, et pour Fabriana seule, que d'une manière intuitive et voilée.

Le diplomate, connaissant le monde, se demandait avec inquiétude : « Lui serait-il absolument indifférent ? » Mais il ne s'arrêta pas à cette idée.

A ce moment, une charmante jeune fille, vêtue d'un costume grec, entra, posa sur une table un plateau de vermeil chargé de liqueurs à la neige et se retira sans bruit.

— Acceptez-vous ?... dit gracieusement Fabriana.

On refusa par un mouvement de la main.

— Ainsi, continua-t-elle, vous pensez, Monseigneur, que, par exemple, notre cher tyran, M. de Habsbourg, interviendrait si le juif dont vous parliez se trouvait bien élevé ?

— Les rois ne sont-ils pas tenus de prendre de l'intérêt les uns pour les autres ? répondit le prince, assez surpris de cette insistance.

— Oh ! je suis de l'avis de tout le monde là-dessus !...

— Permettez, c'est n'en pas avoir, marquise.

— Mais c'est avoir celui de tout le monde, dit-elle.

Forsiani regarda Wilhelm, auquel échappa, comme il était un peu jeune et qu'il ne faisait qu'admirer en ce moment, une partie de cette puissante réponse.

— Madame, il y aurait encore, sans aucun doute, bon nombre de Majestés choquées du sans-gêne de cet habile homme, fit-il, ne sachant pas où elle voulait en venir.

— Supposons, si cela vous est égal, quelqu'un de moins hébraïque, je crois pouvoir vous affirmer que les bien-aimés cousins du roi seraient alors distraits, comme le roi de France Louis XIV et son ministre furent distraits quand le seigneur Olivier se mit à protéger l'Angleterre et le roi Charles de Stuart. Combien y eût-il de Majestés choquées du « sans-gêne » de ce brillant personnage ?... Vous voyez, il suffit de prendre son temps. Supposons mieux : voici M. d'Anthas ; l'idée lui vient tout naturellement d'être roi de Naples. Qui s'opposerait à la réussite d'un pareil projet mené d'une manière convenable ?

Le prince Forsiani fut un instant sans répondre.

— M. de Strally-d'Anthas est un peu jeune, dit-il enfin, comme en acceptant la plaisanterie.

— Voulez-vous, dit-elle en s'adossant et avec une négligence enjouée, voulez-vous que je vous conte une petite histoire ? — Un prince (un prince comme M. de Strally pourrait facilement le devenir : une terre en Italie suffirait), le prince Carlos, en Espagne, avait dix-sept ans, juste l'âge de M. le comte, et à peu près l'âge d'Alexandre quand celui-ci se mettait, par forme de distractions, à défaire les armées des grands rois de l'Asie et à conquérir le monde. Vous ne me direz pas, je le pense, que le prince était infant ? Sa mère, une Farnèse, lui avait donné Parme, à quinze ans, pour l'habituer. Un matin, il s'éveille avec la pensée dont nous parlons : être roi des Deux-Siciles. Il en fait part à M. le duc de Mortemart, l'un de ses amis. M. le duc lui répond, naturellement, que son père en sera très enchanté. De fil en aiguille, on arrive à se trouver dans les veines du sang des Capétiens et des Bourbons, etc., etc. ; — à plaindre le sort de ce malheureux État de Naples, en butte aux « factions » qui le divisent... ; — à vouloir *relever ce grand peuple*... Enfin, il part, emmenant quelques centaines d'hommes à sa suite. Il débarque, bat les Impériaux à Bitonte comme un ange ; se saisit, à l'improviste, du sceptre et du trône, se fait couronner roi par le pape Clément XII, et reçoit l'investiture du royaume par le congrès d'Aix, avant que personne ait eu le temps de se remettre. Vous avez vu cela, prince. Vous étiez attaché à l'ambassade romaine, je crois, et vous connaissiez intimement son futur ministre, Tannuci. Et lorsque l'Autriche voulut reprendre son bien de la veille, vous vous souvenez de la défaite essuyée à Velletri ? Quel enthousiasme pour le jeune roi ! Femmes, petits paysans, que sais-je ! tout cela prenait les armes et se faisait tuer. Ce sont des faits. Voilà comment le prince Carlos de Parme devint Charles III de Sicile.

Cependant, l'Angleterre avait, ce qu'elle a toujours, un intérêt à s'installer dans le golfe napolitain, position militaire et industrielle qu'elle occupera, certes, avant peu d'années ; — cependant le clergé italien, le gouvernement du Saint-Père, avait des raisons passablement solides pour négocier avec le peuple une de ces transactions délicates qui ont pour conséquences d'augmenter le Livre de plusieurs millions (déception dont je ne pense pas que Charles III l'ait dédommagé suffisamment par la suite) ; — et cependant Naples appartenait, depuis Charles-Quint, à la maison d'Autriche. Il y avait donc, il me semble, d'assez graves intérêts, représentés par trois des cabinets diplomatiques les plus experts de l'Europe, pour s'opposer à ce rapt merveilleux. Eh bien, non : un enfant se dit : « Voilà une petite couronne qui m'irait bien, » et vous voyez le fini, la netteté et la perfection de la déroute de ces trois puissances : Rome, l'Autriche et l'Angleterre.

Je trouverais de tels faits d'armes, exécutés par de tout jeunes gens, à chaque feuillet de l'histoire. Tenez, vous parliez tout à l'heure de Gonzalve de Cordoue, le plus grand capitaine des armées espagnoles, un vice-roi, un vétéran de ruse et de gloire, un guerrier des Croisades, un général invincible !... On lui dépêche un enfant de dix-neuf à vingt ans, et ce petit jeune homme, — sans expérience, comme on dit, — remporte, en fait, sur le vieux maître, trois accablantes victoires coup sur coup. Vous voyez que la jeunesse n'est pas impossible en ces occasions, prince. Je suis donc autorisée à penser que, devant cet empire d'Autriche fait de morceaux, un tel, d'une certaine naissance et d'une certaine valeur dans la mesure de l'ambition, pourrait, du soir au lendemain, — mon Dieu !...

faire valoir ses droits, comme on dit en termes honnêtes, ou comme peuvent le dire les chefs de toutes les dynasties... Mais à quoi bon parler de cela ?... dit Tullia Fabriana changeant de ton subitement : les rois sont des enfants terribles très occupés de toucher à tout : voyez comme M. de Strally est un jeune homme silencieux et sage !

— Cela prouve, répondit le prince, qu'un duc de Mortemart est quelque chose aussi.... Selon vous, marquise, l'usurpation pleine et entière du royaume de Naples serait donc chose sérieusement permise et faisable ?

— Tout est faisable, et vous savez bien, cher prince, que, en politique, bien des choses sont permises, excepté de ne pas réussir. Mais arrêtons-nous, je vous en prie, nous aurions l'air de conspirer, ce qui finirait par assombrir la conversation, ajouta la belle souriante.

Dix heures sonnèrent à cette église qui date du temps de Charlemagne, Santa-Maria della Trinita.

— Chère marquise, au revoir ! dit le prince en se levant.

— Vous me quittez ?

— Une visite forcée au gouverneur du Vecchio... D'après nos dernières paroles, ne faut-il pas que je prévienne la forteresse de se bien tenir ?

— Ah ! si c'est pour le bien de l'État, je vous pardonne, répondit Fabriana. Bonsoir et bon voyage.

On se leva.

— Qui sait ?... continua-t-elle, vous me reverrez peut-être à Naples bientôt ; l'air y est très pur. — Au revoir donc, cher prince.

Et elle lui tendit la main. Le prince, amicalement, lui baisa le bout des doigts.

— Je reçois demain, dit-elle en se retournant tout aimable vers Wilhelm. J'espère vous voir dans la soirée, monsieur le Comte.

— Votre Grâce est mille fois bonne pour moi, répondit le jeune homme en s'inclinant.

Fabriana restée seule revint s'asseoir à sa

place. Son visage avait pris une expression soucieuse et sombre : on n'eût pas reconnu la femme de tout à l'heure en face de cette soudaine transformation. Au bout d'une minute, elle murmura sourdement quelques mots sans suite..., puis elle se leva et sortit du salon.

Le prince et Wilhelm descendirent. Une fois en selle :

— Vous pouvez continuer de vous tenir ainsi demain, dit Forsiani ; mais soyez maître de vous comme ce soir. Pas de folies, mon cher enfant !... — pas encore, du moins, ajouta-t-il avec un sourire.

— Soyez tranquille, monseigneur, répondit Wilhelm.

Ils prirent un temps de galop. Arrivés au quai de la Trinité :

— Au revoir, Wilhelm, dit l'ambassadeur ; si vous avez besoin de votre vieil ami, vous m'écrirez à Naples.

Le jeune homme se pencha vers le prince et l'embrassa d'un mouvement spontané.

— Allons, courage ! ajouta le prince Forsiani d'une voix un peu émue ; sans vous en douter, le plus difficile est fait. Courage et au revoir !... Vous voilà dans la vie ! Marchez.

Il lui pressa fortement la main et partit vers la via Larga.

Le jeune homme demeura seul, une minute, rêveur et immobile. Le ciel était bleu, les étoiles brillaient, les orangers embaumaient, la nuit était sereine et tiède.

— Je suis jeune, dit-il ; et il passa la main sur son front.

Une sérénade lointaine parvint jusqu'à lui.

— O mon Dieu ! dit-il avec l'accent d'une tristesse naïve et profonde, pourquoi n'aimerais-je pas, moi qui suis seul sur la terre ?... Oh ! comme cette femme est belle ! Comme je l'aime déjà, comme je l'aime à en mourir !...

Quelques instants après, il piqua des deux et prit la route opposée, vers San-Lorenzo.

CHAPITRE X.

Le palais enchanté.

Le palais Fabriani était un labyrinthe superbe dont les méandres cachaient un ordre savant. Les grands architectes florentins du xv° siècle y avaient dépensé un soin et une magnificence de plans extrêmes. La marquise n'y avait rien changé, — ou que fort peu de choses. Les secrets intérieurs de ce palais dataient de deux cents ans et, seule, dans ce monde, elle en tenait le fil d'Ariane.

Comme il était situé sur des terrains élevés,

loin des autres palais, on ne pouvait, d'aucun édifice, plonger la vue par dessus les murs du parc et des jardins. Ces murs avaient de trente à trente-cinq pieds de hauteur, et trois ou trois et demi d'épaisseur. Des lierres énormes, des fleurs et de la mousse les couvraient presque entièrement. La grille de la longue avenue se fermait par des battants en fer massif.

Les grands arbres étaient bien touffus et serrés dans les allées. Il y avait des statues antiques, une fontaine au mince filet d'argent reçu dans une urne d'albâtre ; des cygnes dans un bassin entouré de cyprès et bordé de marches en marbre blanc ; des buissons de roses d'Égypte, des milliers de fleurs d'Asie et d'Europe, de larges feuilles tombées sur le gazon, des lévriers étendus et gracieux.

Et puis le grand silence.

Le parc, au milieu, était comme une vaste nappe d'herbe émaillée où jouaient des chevreuils et des gazelles. On ne sait quoi d'oriental émanait, au soleil, de ces parfums et de ces ombrages ; un charme mystérieux et profond courait dans l'air de cette solitude. Les jardins de Circé devaient être pareils.

Ce silence de grandeur enveloppait le palais depuis bien des années. Il n'en sortait jamais, à part ses nuits de fêtes ; nuits rares. — La porte intérieure de ces jardins était condamnée; on n'y pouvait descendre que par le balcon de Tullia.

Le personnel occupait l'autre façade, celle qui, située au delà des cours intérieures, donnait sur Florence. La marquise s'était réservé exclusivement toute la façade qui avait vue sur les jardins ; excepté les jours de réception, les domestiques n'entraient pas dans cette partie du palais ; Xoryl suffisait à Fabriana.

Xoryl était cette jolie enfant au costume grec, entrevue dans la soirée.

C'était une fille d'Athènes autrefois abandonnée, à douze ou treize ans, par une famille inconnue et triste, aux hasards des rues. Tullia l'avait aperçue un jour, en voyage, sur le grand chemin : l'enfant jouait au milieu des ruines. La marquise parut examiner avec une attention soudaine et singulière les traits de cette petite fille, et, la prenant dans sa voiture, elle l'avait simplement ramenée avec elle en Italie.

Laissant croître dans son palais cette fleur de misère, celle-ci était devenue charmante. Pendant les fièvres gagnées au changement de climats et d'existence, Fabriana l'avait veillée elle-même avec mille soins, et si la belle Xoryl n'était pas sous terre, elle le devait à sa maîtresse. On la faisait élever et instruire durant les premières années : jamais la marquise ne lui avait adressé une parole de reproche ou d'impatience : — et l'enfant se trouvait heureuse dans son esclavage tranquille ! Elle se laissait vivre sans rien aimer que Fabriana et se serait sacrifiée de bon cœur s'il l'eût fallu.

Ce n'était point son amie, ce n'était pas sa servante : c'était sa protégée. A peine avait-elle à s'occuper d'une tâche légère que la douceur de sa maîtresse lui rendait facile et aimable. N'était-ce pas un plaisir de lui être de quelque utilité ?... Prédisposée, par les traits de sa figure, aux habitudes solitaires, Xoryl était silencieuse et avait le goût de l'isolement. Elle se plaisait à rêver dans sa chambre, étendue sur le tapis, accoudée sur un coussin, et suivant du regard, à travers les longs cils noirs de ses paupières, la fumée d'un narguilhé, comme les sultanes des sérails. Elle aimait à rêver aux golfes de la Grèce, aux temples des dieux des vieux âges, et à ses verdoyantes montagnes païennes. Humble, elle se souvenait encore de son pays, bien que son pays n'eût eu pour son enfance qu'une amère hospitalité, et comme sa pensée, à cause de l'air où respirait Tullia Fabriana, s'était élevée aussi, tranquillement, elle ne se rappelait son pays que pour se souvenir de la beauté de son ciel, de sa pauvreté fière, des ruines qui avaient accueilli son enfance, de la gloire des guerriers morts dans les temps anciens et de la liberté perdue.

Ainsi vivait **Xoryl**, fidèle et taciturne.

Parfois on lui donnait des perles, des diamants ou des bracelets de sequins, en lui disant dans le doux langage d'Athènes et après un baiser sur le front :

— Tu es libre de me quitter, Xoryl ; te souviendras-tu de moi quand tu seras dans ton pays ?

Ce à quoi Xoryl souriait, sans répondre, en la regardant naïvement avec des yeux humides.

Le fez de cachemire noir dont le gland d'or ondulait sur son épaule jetait, avec le reste du costume d'Orient, comme un charme natal sur sa jolie physionomie. Elle paraissait recevoir l'ombre et la lumière de la beauté de Fabriana lorsqu'elle se tenait devant elle ; et puis elle s'en allait avec ce qu'on lui avait donné.

Cette jeune fille suffisait donc à Fabriana quand elle voulait se maintenir dans une profonde et absolue retraite ; et voici par quels simples détails elle était parvenue à dominer complétement cette retraite et à se reconnaître dans l'immense palais.

Les grands escaliers d'honneur qui menaient aux trois différents étages du palais se scindaient sur le palier du premier étage, grâce à une cloison à coulisses cerclée de lames de bronze qui se déployait à volonté et se barrait en dedans. Les autres escaliers de service, conduisant aux étages de cette façade des jardins, avaient été murés.

Les colonnades du rez-de-chaussée qui bordait les jardins étaient comblées, dans leurs intervalles, par des caisses d'orangers, derrière lesquels il n'y avait qu'une épaisse muraille recouverte en marbre et sans fenêtres.

Le dernier étage paraissait être composé de chambres pour les gens. Il n'en était rien. Ses croisées étaient celles d'un étroit corridor sans issues. Derrière le mur du corridor se trouvaient les chambres réelles donnant sur les cours intérieures. Personne n'habitait ces chambres.

Impossible de parvenir sur les toits de cette façade. Une longue solution de continuité les séparait des autres terrasses. Ils étaient formés de tuiles disposées en angles et sans aucune espèce de bords ni de point d'appui.

Ainsi, la cloison des escaliers une fois tirée, la façade entière, avec ses trois étages donnant sur les jardins, était isolée de l'extérieur et de l'intérieur. C'était comme une thébaïde soudaine. A moins de pénétrer dans une des chambres ou dans l'un des salons du premier étage, en enfonçant les cercles d'airain de la cloison, il eût été radicalement chimérique de prétendre savoir ce qui s'y passait, puisqu'on ne pouvait pénétrer dans les étages supérieurs sans passer par le premier.

Mais dans l'étendue entière de ce premier étage toutes les portes des appartements tendaient un cordon en fil d'acier, caché dans la boiserie, de telle sorte que la porte la plus éloignée, ouverte subitement par un visiteur, eût fait tomber sourdement un coup de timbre dans la chambre de Xoryl. Cette chambre se trouvait à deux pièces de distance de la chambre à coucher de la marchesa. Si, après défense expresse d'entrer dans ces appartements, et les targettes dans leurs écrous, un laquais, un intendant, un majordome, ou n'importe quel personnage diurne ou nocturne, se fût curieusement avisé d'y survenir et de forcer les portes (soit pour voler, épier, enlever, violenter ou assassiner, — quel autre dessein possible?), la jolie enfant eût étendu la main vers deux boulons d'acier cachés dans la muraille, et, sans se déranger autrement, eût précipité l'intrus dans une oubliette de soixante pieds (oubliette qui était précisément, en partie, le contenu des murs sans fenêtres du rez-de-chaussée), eût-il été à l'autre extrémité de la façade.

Une bande d'une douzaine d'individus n'aurait pas nécessité plus de frais, car le parquet s'entr'ouvrait tout à coup dans une étendue de plusieurs mètres sous toutes les portes à la fois.

Les ameublements étaient rangés exprès

d'une certaine manière pour éviter un désordre.

La chose, en soi, jetait une ombre de mort et de saisissement sur l'asiatique splendeur de ces longues draperies lamées, des dorures, des glaces et des tableaux, des lustres et des statues qui décoraient les grandes pièces somptueuses. Les constructions sur triple rang de solives soudées de fer apparaissaient brusquement, sous les lustres, dans les parois de l'ouverture ; une fois tombé là, c'était fini, Tullia ne tenant pas à ce que le secret fût connu. Obligée de choisir entre un coup de haute et basse justice, et l'imprudente éventualité d'un manque de réussite dans ce qu'elle avait résolu d'accomplir (ce qu'elle eût effectivement risqué, outre sa sécurité personnelle, en laissant partir vivants les curieux) elle s'en était remise à la fatalité : « Tu frapperas et tu rempliras comme ceci ma volonté », avait elle dit à Xoryl un certain soir. Et, la prenant par la main, elle l'avait guidée, aux lueurs d'un flambeau, dans les détours de ces cachots perdus ; elle l'avait fait descendre au plus profond des souterrains, et là, sombre et attristée, lui avait appris ce qu'elle aurait à faire dans l'occasion. C'était simple. Des flèches trempées dans des poisons foudroyants... la nuit... une porte masquée... les jardins... l'une des caisses de chaux dont il y avait une grande réserve sous les dalles..., etc., eussent fait disparaître à tout jamais les traces de celui ou de ceux qui se seraient présentés. Xoryl avait incliné son aimable tête brune en murmurant d'une voix excessivement sourde la formule d'Orient : « Entendre, c'est obéir. » « C'est bien », lui avait dit Tullia Fabriana, non sans un regard qui était allé lire les pensées dans l'âme de l'enfant, et qui en était revenu satisfait.

Xoryl eût donc parachevé consciencieusement ce travail sans même réveiller Tullia si elle se fût trouvée endormie en ce moment. Le meurtre ainsi que l'anéantissement des victimes n'eût pas duré le chant du rossignol dans les feuilles. Les phases du drame étaient prévues à une minute près. L'écho n'en eût même pas pénétré au travers de ces tentures de velours noir brochées d'or, dont les pans étoffés se massaient de chaque côté des portes intérieures. L'exécution terminée, l'enfant eût fait jouer de nouveau les ressorts puissants, et les parquets relevés fussent venus rejoindre les incisions des dalles ou des tapis, et s'y adapter d'une manière invisible.

D'ailleurs, si le survenant eût paru d'une certaine caste, on pouvait le laisser mort dans les jardins. La hauteur des fenêtres aurait justifié les fractures occasionnées par sa chute dans l'oubliette, etc. Un accident que personne n'avait le droit d'approfondir répondait à toute question.

A l'autre extrémité du parc se trouvait un pavillon adossé à la grande muraille, et l'on pouvait, par ce pavillon, entrer ou sortir à l'insu général. Il donnait sur la campagne des bords de l'Arno, presque toujours déserte en cet endroit. Une lunette permettait d'en explorer les environs et de prendre son temps si l'on n'estimait pas comme tout à fait indispensable que ces entrées ou sorties fussent remarquées.

Tullia Fabriana, forcée, non pour elle seulement (s'il ne ce fût agi que d'elle, sans doute n'eût-elle pas pris tant de mesures), de lutter contre les instincts de toute espèce de personnes, prenait très au sérieux les précautions qui devaient la défendre et assurer le succès de ce qu'elle avait chargé sa volonté de réaliser tôt ou tard. Les passants n'ont d'autre joie dans cette vie, à peu d'exceptions près, que d'essayer de nuire aux êtres supérieurs et que d'outrager indifféremment dans leurs discours ceux dont ils croient remarquer les imperfections.

Aussi, par respect pour la forme humaine, elle tâchait, le plus possible, de leur épargner la peine de cette méchanceté à son endroit. Ses procédés lui constituaient un talisman plus sûr que l'anneau du mage lydien. Ils atteignaient dans la minutie, comme on va le voir, des proportions vertigineuses de lucidité et de profondeur. C'était fort et clair comme de l'algèbre. Il n'y a de vraies mesures que celles qui son totalement prises, c'est-à-dire que celles qui sont juste à la hauteur de ceux contre qui elles sont prises. Fabriana, sachant les conséquences et les désastres virtuellement contenus dans le sourire d'un valet « qui croit voir quelque chose de louche, » et qui est aux aguets pour profiter d'un oubli, concevait très bien la faiblesse humaine, la pardonnait et lui trouvait mille motifs excusables, mais ne cherchait pas à en être la victime.

Un escalier de pierre conduisait intérieurement à la plate-forme des murs qui entouraient les jardins. La nuit, deux énormes chiens de montagne, deux molosses dressés à ce manège, rôdaient sur cette plate-forme et eussent dégoûté ceux qui, d'aventure, pour tel ou tel motif, auraient jugé convenable d'y appliquer des échelles. Leurs aboiements eussent prévenu, d'ailleurs, de la tentative : sur un coup de cloche de Xoryl, une demi-douzaine de nègres gigantesques, armés jusqu'aux dents, se fussent rués, sans bruit, dans les alentours. Et puis, de la fenêtre de Xoryl, le regard embrassait le sommet des murailles. La charmante sauvage avait le regard d'un aigle et tirait divinement juste ; sans avoir besoin d'appeler les nègres, elle eût démasqué une lampe aux reflets projetés qui, en tournant sur son support, eût illuminé circulairement la plate-forme comme un éclair. Saisissant alors une petite carabine (une arme bijou, à crosse d'ébène incrustée d'ornements et d'arabesques précieuses, un miracle de précision, dont la marquise lui avait fait présent !), elle eût immédiatement fait feu sur la première tête malveillante qui eût paru.

Le couvert, la coupe et la vaisselle particulières de Fabriana étaient d'or, et Xoryl les essuyait avec attention, avec des linges très fins, après les domestiques. Les deux cuisiniers étaient depuis de longues années dans le palais, et ils achetaient eux-mêmes avec le plus grand discernement ce qui était nécessaire. Aucun aide, excepté les jours de réception. Il n'y avait qu'un seul maître d'hôtel, vieillard fort tranquille et très attaché au palais ; il avait servi le duc Fabriano, père de la marchesa, lequel était mort empoisonné, comme on le sait. Le vieillard avait la charge du sommelier, mort depuis peu de temps. Seul, avec l'un de ses nègres, il avait le droit de parler à Xoryl, et l'avertissait de tout ce qui venait de l'extérieur. Il dressait le matin et le soir une magnifique table incrustée de lames d'ivoire et de nacre, dans un vestibule du rez-de-chaussée des cours intérieures. Les cuisiniers lui apportaient, l'un après l'autre, ce qu'il fallait, et il avait ordre de ne jamais quitter le vestibule quand il avait commencé sa besogne et de ne laisser entrer aucun domestique, sous quelque prétexte que ce fût. Une fois la table disposée, il attendait la sonnette de Xoryl, et, pressant alors un ressort adapté à quatre chaînons de bronze, la table s'enlevait d'elle-même sans bruit, dans les rainures ; le parquet du salon supérieur s'écartait et laissait passer.

A l'aide de ces précautions, il eût été fort difficile de mêler de l'opium ou d'autres poisons dans le vin ou les aliments. Xoryl avait coutume, par surcroît de prudence, d'éprouver l'appétit des deux molosses avant que Tullia se fût mise à table ; on le savait, et cela était un avantage de plus.

Il faut se souvenir qu'il ne saurait y avoir rien de petit dans l'ensemble d'un plan sublime ; que chaque détail tire sa valeur de la conception générale et qu'un esprit réellement profond revêt les choses de moindre apparence de leur *véritable* point de vue. En lisant l'histoire des conspirations tombées avec les têtes des conspirateurs, on se sent étonné de voir, non pas comment elles sont tombées (cela n'est d'aucune importance, si ce n'est dans les écoles pour exercer la mémoire des jeunes et aimables enfants), mais pourquoi elles sont tombées. En découvrant le véritable motif de leur écroulement dans le vide, un esprit penseur en reste positivement interdit. C'est dans l'oubli d'un misérable détail que la grande Fatalité (¹) va précisément se réfugier tout entière !... Est-il donc possible que les plus intrépides génies de la révolte, dont le regard embrassait, sans se troubler, les développements d'une machination formidable, se résignaient à relever de cet odieux dicton du vulgaire : « On ne peut pas tout prévoir » ?

C'est pour cela que Tullia Fabriana tenait compte des riens, à cause de la grande Fatalité.

Pour elle, comme elle ne s'était asservie à aucune habitude, comme elle avait plié, de bonne heure, son corps à la faim, aux veilles, au froid et à la fatigue, les privations lui

---

(1) *Fatalité* est pris ici dans le sens de concordance fâcheuse, de forces de circonstances, et non sous un autre point de vue.

étaient naturelles, et ces choses poussées même à des proportions effrayantes, se seraient émoussées contre sa beauté, comme cela glissait sur la constitution de fer d'un Sergius.

Elle ne tenait, sans doute, à cette beauté, réellement merveilleuse du reste, que comme à une arme de plus ; — et l'on sait qu'en Italie, et particulièrement en Toscane, la beauté des femmes dure communément beaucoup plus d'années que dans les autres pays. Chose reconnue, à ce qu'il paraît, mais assez bizarre ! les plus belles femmes de la Toscane ne sont pas celles qui ont vingt ans, mais celles qui ont souvent dépassé le double. Cette circonstance, soit dit en passant, ne pouvait pas être défavorable à ses projets.

Les notes concises et les formules ignorées que les trois chercheurs d'alchimie avaient laissées dans le laboratoire, lui avaient aplani les difficultés de la science des poisons. Elle était consommée, comme Locusta, dans l'art des préparations qui foudroient, mais sans laisser de traces. Les plus étranges poisons florentins et indiens lui étaient d'un maniement familier, et souvent elle avait consacré de longues heures à les étudier et en approfondir la puissance.

Retrouver les compositions subtiles et pénétrantes à l'aide desquelles la seule émanation d'un papier est mortelle, ne lui avait pas été difficile. Elle en avait dont les effets étaient assez lents pour que le soupçon ne vint pas, et qui ne devaient frapper qu'à trois ou quatre sommeils d'intervalle, par exemple. L'emploi des lettres comme moyen ne laisse pas que d'être essentiellement difficile, à cause des soins et de l'exactitude qu'exige la préparation d'abord, ensuite à cause des précautions prises par les souverains et les pontifes pour échapper à ces sortes d'attentats. Cependant n'y a-t-il pas toujours de ces lettres que les princes prennent souci de lire !... Il ne s'agirait que de trouver deux premières lignes les saisissant dans l'à-propos de leur plus intime souhait du moment, chose que l'habitude des cours, la science du monde, l'observation, etc., facilite beaucoup dans un certain rang social. Il ne lui eût été guère malaisé de dessiner les armoiries de telle ambassade ou de tel consulat, de fondre un cachet, bref, de faire parvenir une lettre de telle manière qu'en supposant même, par impossible, *la non-réussite de la chose*, il aurait été impénétrable de savoir d'où elle venait...

Maintenant, par exemple, en supposant deux ou trois mots dans un passage d'importance, écrits d'une manière difficile à lire, nécessitant l'approche des yeux ; une phrase dont le sens serait douteux et d'un grand intérêt..., de telle sorte que celui qui écoute soit porté à saisir, dans une inadvertance, le papier entre les mains du secrétaire, pour contrôler lui-même la question et justifier de la supériorité de ses propres yeux..., etc., etc. ; une lettre, enfin, contenant des paroles meilleures pour le foyer allumé que pour les archives..., — nous disons lettre, nous pourrions aussi bien songer à une fleur, un éventail, un mouchoir. — On se souvient de la dernière partie du moyen âge en Italie.

Il était donc possible d'affirmer que, grâce à sa position exceptionnelle, Tullia Fabriana tenait, sous mille formes, la vie et la mort de presque toutes les têtes couronnées de l'Europe dans le creux de sa belle main. La mort, sous un loup de velours blanc ou sous un loup de satin rose, n'est-elle pas toujours la mort! Cela ne faisait pas pour elle l'ombre d'un doute.

Il y avait, dans la chambre à coucher de la marquise, quelque chose de spécial. Une porte admirablement soudée tournait sur elle-même avec un pan de mur et laissait à découvert des marches de pierre. Cela conduisait à un profond souterrain.

Ce souterrain n'avait par lui-même aucune issue. Il pénétrait sous le palais dans toute l'étendue de la façade. Il n'y avait là que des tonneaux de fer, peints en couleur de bois et rangés les uns à côté des autres. Cela ressemblait à une grande cave. Seulement un tube de plomb reliait ces tonneaux les uns avec les autres et remontait, en spirales de serpent, à travers les pierres. Fabriana seule pouvait savoir où sa terrifiante extrémité se retrouvait.

A l'entrée de ce souterrain, à la troisième marche, il y avait une autre porte invisible fermée également d'un pan de mur qui se mouvait lorsqu'on pesait sur un bouton d'acier couleur de pierre et caché parmi la mousse.

Dans ce second souterrain se trouvaient une torche, un miroir, une caisse de déguisements et leurs papiers de sûreté, d'excellents pistolets doubles, accompagnés de deux épées de voyage et de deux yatagans empoisonnés.

Deux bourses d'or mêlé de diamants étaient jetées sur la caisse.

Dans le cas d'une surprise, d'une arrestation par une escorte (chose qui paraissait située au delà des prévisions normales, mais qu'elle était prête à recevoir), elle eût pris Xoryl entre ses bras, de peur que, ne connaissant pas les rampes dangereuses, la petite fût tombée là comme dans un précipice et se fût tuée. Une fois descendues, le mur en se refermant sur elles était assez épais et assez parfaitement joint pour que le son ou tout autre indice ne fût pas venu les trahir. D'ailleurs, il y avait la première porte à trouver avant que de parvenir à celle-là. Les profondeurs du souterrain s'enroulaient sur elles-mêmes ; c'était d'un abord aussi difficile que les hypogées ou les sérapéums de l'Égypte. Elles se fussent déguisées en attendant la nuit. Cela s'ouvrait, par une porte cachée et pareille aux autres, sur l'Arno ; une barque suspendue à l'entrée, au-dessus du fleuve, n'avait besoin que d'un balancement accompagné d'un coup de yatagan dans les cordages pour être mise à flot. Elles fussent parties à force de rames.

Fabriana savait où trouver, à une lieue de là, des chevaux africains. Une fois en selle, elles eussent gagné Venise ou Gênes ; la marquise y avait deux villas de plaisance, et de sûreté.

L'essentiel avait été d'atteindre ce but, d'être inabordable, invisible et imprenable, bon ou malgré tout le monde, elle et sa conduite, quand elle l'eût voulu, en pleine Florence et au grand soleil.

Cependant le palais ressemblait aux autres palais ; à part la grandeur et la beauté de l'architecture, il ne présentait rien de particulier. Les laquais affairés et les intendants circulaient dans les cours et dans les appartements extérieurs. Seulement, il y avait peu de bruit. Le palais avait pour caractère distinctif un certain silence.

Les visites étaient très souvent et très agréablement reçues ; la conversation y était d'une liberté engageante ; on eût dit que les portes s'ouvraient toutes seules et que la négligence était même poussée à l'excès. A la moindre inquiétude, cependant, le train des choses y eût instantanément changé d'aspect et se fût déformé jusqu'au terrible. En trois secondes, il eût pris l'allure d'un état de siége avec une précision et une intensité de déploiement de toutes ses forces à la fois qui eussent broyé, sans tumulte ni désordre, ceux qui se fussent trouvés, avec une fâcheuse intention, dans les rouages de ces pierres vivantes. La Fatalité y eût obéi mécaniquement, d'une très horrible manière. C'eût été comme dans les contes arabes : disparition ! L'éclat de rire y eût été anéanti avec les rieurs dans des ténèbres subites, si, par hasard, il y eût eu de bons vivants parmi les victimes dans cette sombre minute ! Après l'éclair tout fut rentré dans la tranquillité habituelle, tout, jusqu'au sourire de la pâle enchanteresse.

De cet état de choses, il résultait donc ceci : que la marquise Fabriana pouvait faire à peu près ce qu'elle voulait chez elle, sans être ni vue, ni épiée, ni soupçonnée, ni commentée; qu'elle n'était, autant qu'il est possible, à la merci de personne, et qu'elle pouvait s'estimer à l'abri de ces incertitudes perpétuelles d'être troublée dans sa solitude.

Nous ajouterons que ces précautions, les eût-on remarquées en partie, n'eussent jamais semblé que toutes naturelles de la part de deux femmes vivant seules, retirées et exposées. La situation isolée du palais aurait suffi pour les justifier.

CHAPITRE XI.

Aventures chevaleresques.

« Vous les reconnaîtrez par leurs fruits. »

C'était par cette petite porte du pavillon que Tullia Fabriana sortait souvent, de nuit, vêtue en cavalier, l'épée à la hanche et le masque sur le front.

Toujours seule.

Sous ses vêtements elle portait une cuirasse d'acier d'une légéreté sans pareille : c'était l'ouvrage de l'un des vieux artistes du XVIᵉ siècle qui réussissaient une fois un chef-d'œuvre d'armurerie et de ciselure. L'un de ces inconnus, qui trempaient des dentelles damasquinées, avait également travaillé la fine et puissante cotte de mailles qui l'emprisonnait depuis les pieds jusqu'à la gorge.

Ses gantelets étaient tramés avec un dur filet d'airain merveilleusement caché sous la soie. Son feutre, d'où s'échappaient de fausses boucles de cheveux noirs, avait, à l'intérieur, une visière en treillis d'acier qui se relevait et s'abaissait suivant son bon plaisir.

Elle ne semblait nullement gênée dans ce costume ; elle marchait vite, le manteau rejeté sur l'épaule, comme un chevalier. Les rares passants, malgré son allure modeste, s'écartaient presque toujours de son chemin, sans savoir pourquoi.

Que signifiaient ces ajustements ? Était-ce l'amour des aventures ? Mais non : elle n'était point femme à commettre de ces folies.

Les cris familiers des oiseaux de la Mort lui disaient :

« Belle dame, voici le glas de minuit. C'est l'heure où nous avons heurté nos ailes contre vos vitraux ; nous connaissons votre lampe. Les rues se font désertes, l'épée se brise dans l'embuscade : c'est le noir danger qui guette, avec nos yeux, dans la solitude endormie. Femme, tu deviens téméraire, toi si prudente, si profonde et si sage toujours. Retourne ! et c'est un conseil de vieillard ; nous nous intéressons à toi. »

Elle marchait et s'avançait, tranquille, au milieu des ruelles, dans les faubourgs équivoques et ténébreux.

Ah ! c'est qu'elle éprouvait parfois le grand vertige d'elle-même ; elle le sentait bien : ce qui lui restait d'humain pouvait la quitter à chaque instant ; elle ne tenait presque plus à la terre, et elle n'existait pas en vérité. Or il fallait qu'elle se souvînt de son corps, puisqu'elle avait dit : « J'attendrai ».

C'est pourquoi, par une réaction nécessaire, elle venait se retremper dans le spectacle de quelques souffrances, pour ne pas oublier qu'elle existait.

Le costume lui avait paru plus commode masculin que féminin dans cette circonstance, motif qui l'avait déterminée à le choisir.

Elle montait bien des rampes dégoûtantes, elle trouvait bon nombre d'horribles tableaux; à peine son mouchoir imprégné de sels adorants la préservait-il des atmosphères suffocantes et pestiférées.

Elle donnait son or et sa science, non point parce que c'était « une bonne action », mais parce que autant faire cela que le reste, et qu'elle en avait l'occasion.

Elle connaissait trop, sans aucun doute, l'irrémédiable immensité des douleurs, pour penser une minute que, fût-elle apparue à des millions d'êtres dans la seule Europe, cela eût signifié grand'chose. Aussi la question du bien qu'elle faisait n'était que très accessoire pour elle. De pareilles fantaisies auraient été déplacées probablement, si elles eussent été dictées par ce seul mobile d'un ordre inférieur. L'immense oubli de tout, de son rang, de sa position, des conventions du vêtement féminin, des causeries et des salutations auxquelles se livrent avec dignité les personnes de distinction, pour tuer le temps, enveloppait ces démarches. Une auréole d'éternité l'éclairait dans toutes ces façons étranges. Souvent elle passait la nuit comme cela, au risque d'être assassinée, et s'en revenait au point du jour sans avoir ôté son masque, sans avoir dit son nom, sans avoir laissé mouiller ses gants. La comprendra qui pourra !

— C'est bien ! disait-elle, et elle sortait.

La femme de Caïn l'eût comprise. — Elle manquait de cette *sensibilité* que les personnes aux paroles charitables *aiment à trouver* dans la femme.

Froide, elle pouvait être d'une tristesse infinie en elle-même ; mais ces enfants malades, —

par exemple, — qui lui tendaient leurs petits bras, avec des inflexions de voix suppliantes, n'émouvaient pas beaucoup ce sombre cœur inaccessible.

Les personnes mentionnées se seraient émues, quitte à discourir deux heures après sur « la nature humaine », en voyant les pauvres enfants guéris soit martyriser quelque animal, soit injurier quelque malheureux, soit faire acte de méchanceté foncière, lâche, opiniâtre, sans but ni motif ; — bref manquer de charité pour tout ce qui souffre comme ils souffraient. Le discours eût duré quelques demi-heures, perte de temps qu'elle évitait en n'étant pas stérilement impressionnée. Elle agissait dans la mesure des forces dont elle disposait : si peu que ce fût, c'était ce qui lui était bien permis de faire. Était-ce donc sa faute si les douleurs mêmes ne pouvaient troubler son âme ?

Elle avait accepté de remplir ce métier mystérieux dans Florence, malgré les deux asiles qu'elle avait encore établis en Toscane sous un autre nom que le sien. Elle semblait s'être créé le passe-temps original de supprimer quelque chose, ne fût-ce qu'un rien, dans l'universel malheur ! Sa constance, à ce sujet, ne se décourageait et ne se dégoûtait jamais dans l'occasion. C'était une façon d'attendre ce qu'elle attendait.

Sa main ne tremblait pas plus en tenant le scalpel que le livre ou que l'épée, et il lui paraissait sans doute aussi naturel d'écrire, auprès d'un grabat, la formule des drogues étranges qui soulagent les tourments et retardent l'agonie, que d'écrire une ode en vers saphiques sur l'inconstance des passions.

En ceci, Tullia Fabriana ne cessait pas d'être grande et impassible.

Il ne lui avait fallu qu'une réflexion pour la décider à ces risques et périls de déguisements ; c'est qu'elle devait faire ce que bon lui semblait, sans relever de personne.

La première fois que, devant la glace, en s'habillant, les mailles d'acier avaient brillé sur ses membres blancs et souples, elle avait eu un sourire de tristesse.

La seconde fois, elle n'y avait pas même fait attention.

Elle s'était vue forcée d'agir elle-même sans doute parce qu'elle ne tenait pas à être connue, et que, lorsqu'elle consentait à l'action, elle devait aimer à faire toute chose, si peu que ce fût, aussi exactement bien qu'il lui était permis.

La science colossale, étourdissante, extra-terrestre, l'intuitive habileté de sa main et son froid regard de génie ne pouvaient se remplacer : quelques lignes écrites à la hâte sur ses genoux, des plaies refermées et des membres sauvés, la flétrissure et la désolation de beaucoup d'existences conjurées par un moment de sa bonne volonté et de son courage, étaient préférables à l'insuffisance de quelque argent et valaient une autre occupation.

D'ailleurs la concentration perpétuelle de

ses pensées en elle-même lui permettait de travailler n'importe où, en faisant n'importe quoi, tout aussi bien que dans son palais.

Une ou deux paroles dites avec sa voix absolue et tranquille, donnaient plus de force et calmaient davantage, touchaient plus juste enfin (vu sa sécurité d'évaluation intellectuelle de ceux qu'elle approchait), que n'eussent fait, par exemple, les exhortations de ceux qui ont toujours la manie « *d'être dans le vrai* ».

Soit dit en passant, les cœurs sensibles, les cœurs *simples et sans détours*, ne sont souvent bons qu'à faire souffrir ceux auxquels ils s'intéressent ; avec le meilleur vouloir, ils sont généralement la cause des plus grands embarras.

Au total, elle pouvait, en tant que femme, estimer que son action était une espèce de devoir, et elle remplissait ce devoir stoïquement.

Souvent, lorsqu'elle rentrait le matin, à

l'heure où la clarté des lampes se ternit, où le ciel se couvre de teintes mortuaires, où les lassitudes de l'esprit et les dégoûts du cœur ne laissent que le vide, le vide immense et pesant dans le découragement de la pensée, à cette heure où la plupart des personnes, enfin, comprennent la possibilité de l'éternel néant, — oui, souvent, il lui arrivait d'entendre les dernières mesures des danses finales qui bruissaient, étouffées, à travers les stores et les grands orangers des autres palais.

Mais elle ne perdait pas le temps à se rappeler, alors, ces heures de rêves noirs et de stupeurs profondes qu'elle venait de quitter. Elle ne tenait pas à comparer les agonies affolées et les cris sans nom, les hurlements et les soifs puériles de vengeance, enfin les concerts variés que présente aux amateurs la répugnante Misère, quand elle n'est pas silencieuse, c'est-à-dire plus lugubre encore, elle ne tenait pas à comparer, disons-nous, toutes ces plaintes avec les bouffées de joie harmonieuse et insouciante.

Elle ne jugeait pas, ayant d'autres pensées.

Elle prodiguait ses forces et ses secours, parce que cela lui convenait. Ce que faisaient les brillants élus des fêtes nocturnes et ce qu'elle avait passé la nuit à accomplir s'entre-valait pour elle ! Chacun avait rempli son devoir et son temps d'une manière quelconque et selon sa préférence.

Trois fois, depuis cinq ou six ans qu'elle risquait cette promenade, lorsqu'elle était à Florence, dans les intervalles de ses voyages lointains, trois fois on avait attaqué Tullia Fabriana.

La première fois, elle avait tenu, sans appeler, contre de pauvres gens, et grâce à sa flamboyante manière de tenir une épée, on s'était enfui après quelques coups de pointe dont trois assaillants étaient restés sur le pavé.

La seconde, elle jeta une poignée de florins et leur dit de sa voix calme :

— C'est parce que je ne me soucie pas de vous tuer.

Et, entr'ouvrant son manteau, la marquise laissa voir les pistolets, tout armés, de son ceinturon.

La troisième, elle se vit cernée subitement. Il était deux heures de la nuit. C'était au sortir d'un bouge où elle venait de sauver de la maladie et de la faim deux familles moribondes.

Elle abaissa précipitamment sa visière, fit feu deux fois et mit l'épée à la main. Comme elle avait affaire à une meute d'ivrognes pauvres, qui se ruaient en aveugles sur elle, toute défense était paralysée et impossible. On sauta sur ses bras.

Elle se dégagea une seconde fois par un mouvement terrible; mais, se voyant désarmée, elle eut un sourire amer sous son casque. Un stylet vint se briser la pointe sur sa cuirasse; un autre l'eût aveuglée sans sa visière : malgré les coups de poing d'une précision et d'une force étranges dont elle défonça, pendant quelques secondes, un certain nombre de trognes et de poitrines, elle comprit de suite qu'on allait finir par l'étouffer ou l'étrangler. Dans le fort de cette lutte, et voyant luire les grands couteaux, elle portait déjà une bague empoisonnée à ses lèvres pour ne pas tomber vivante à leur merci, lorsqu'un des personnages cria un nom inconnu et qu'elle n'entendit même pas.

A ce seul mot, tous s'écartèrent. On échangea quelques paroles à voix basse : leur effet fut étonnant. Ceux qui l'entouraient s'agenouillèrent devant elle et lui demandèrent pardon. Elle ne répondit rien ; mais, debout au milieu des groupes hideux éclairés par la lanterne d'un ex-voto, elle remit son épée dans sa gaîne et s'en alla lentement.

Depuis, on ne l'inquiéta plus. Dans les ruelles les plus désertes et les plus sombres, un appel de sa voix eût suffi pour la défendre ; mais elle n'aurait pas appelé. Tacitement les pauvres s'entendaient pour le reconnaître et ne pas lui faire de mal. Ils se défendaient de le suivre par respect ; d'ailleurs un cheval tout sellé l'attendait au point du jour à un tel endroit, et un temps de galop eût distancé les espions de tout genre : on ne le questionnait jamais...

CHAPITRE XII.

Fiat nox.

> « Heureux qui vit et meurt sans femme et
> » sans enfants !... »
> (César-Auguste).

Le lendemain de la présentation du comte de Strally, vers huit heures du soir, Tullia Fabriana était dans son palais, dans un appartement spacieux et retiré. C'était celui qu'elle préférait ; elle y passait la plus grande partie de son temps à Florence ; jamais autre créature que Xoryl n'y avait pénétré. Ce salon circulaire présentait un aspect d'extraordinaires splendeurs. Huit grandes statues en basalte noir, arrachées aux vallées tumulaires d'Éthiopie, et dont les têtes naïvement sculptées, exprimaient un supplice intérieur, supportaient ensemble, avec leurs seize bras tendus et crispés, la fresque du plafond représentant Isis voilée dans la nuit pleine d'étoiles. Les tentures étaient remplacées par des surcharges de draperies en velours fauve, aux reflets dorés. Une profusion de peaux de lions et de tigres du Levant cachaient complètement le parquet. Une croisée unique, à vitrail précieux, était ouverte sur les jardins. Des cordons, tressés de ganses et de filigranes d'or, y retenaient, demi-tendue, une natte en paille brune devant préserver du soleil sans trop d'obscurité.

Près de la balustrade il y avait deux caisses de nacre remplies de toutes les fleurs rares des climats les plus lointains. Des faisceaux d'armes anciennes étaient appliqués dans les draperies.

Au milieu de la chambre, sur une table d'ébène, resplendissaient un vase florentin en or, une aiguière pleine de fruits et deux coupes d'émail d'une haute antiquité. Un sphinx, de longueur colossale, également en lave durcie et noire et faisant comme le pendant de ces cariatides, était placé dans une sécante tirée à gauche de la croisée ; son dos énorme était creusé et comblé de peaux de martre et d'hermine. Sur ce magnifique lit de repos, Fabriana s'était indolemment étendue ce soir-là. Près d'elle, une veilleuse bleue, élevée sur un trépied d'or et allumée nuit et jour dans une petite urne de cristal, brûlait une huile odorante.

Autant qu'il était permis d'en juger, la marquise était d'une taille grande et svelte. Elle était vêtue, à cause de la chaleur étouffante, d'un nuage de batiste en forme de peignoir échancré de la poitrine et découvrant ses épaules quelque peu. Des gouttelettes de sueur se diamantaient sur sa chair ferme et neigeuse. Cette trame transparente et molle qui enveloppait son corps laissait deviner les plénitudes de la statue de Cléomènes. Sa tête, sur laquelle tombait le rayon de la veilleuse, était d'une carnation très blanche. Les masses lourdes et dorées de ses cheveux se partageaient sur son beau front mat et retombaient en flocons de boucles radieuses derrière sa tête, inondant son col et son dos. Ses yeux, dont les prunelles aux lueurs noyées étincelaient comme deux pierreries noires, regardaient vaguement le groupe effroyable enchaîné autour d'elle. Elle avait des sourcils d'une impassibilité intelligente. Le nez tracé avec une sévère finesse de dessin, était droit; l'air de son visage était séduisant : ses narines déliées bougeaient, rosées et diaphanes, à chaque soulèvement de sa poitrine. La vie circulait avec une saine volupté dans cette belle dame étendue. Sa bouche, parfaite, était d'un rouge vif, pourpre, et comme velouté par les plis de sa belle peau : ses dents lactées mordaient légèrement sa lèvre inférieure. Hier, le sourire tempérait l'expression royalement dédaigneuse de cette bouche, aujourd'hui rien ne souriait dans sa physionomie. L'un de ses bras était recourbé sur son front dans une attitude abandonnée ; entre deux doigts de la main qui pendait sur ce front, elle tenait une bouture de fleur indienne, sorte de brunelle aux parfums excessifs, qu'elle remuait, et dont elle touchait gracieusement son visage de temps à autre. Son autre bras, moulé par quelque divin statuaire, tombait de la manche aux dentelles flottantes et pendait jusque sur les fourrures. A l'un des doigts menus de cette main, elle avait un anneau d'or constellé de grosses émeraudes : cet anneau formait sa seule parure ; elle ne le quittait jamais, même le long du sommeil, pour des raisons particulières. Ses pieds nus jouaient dans de blanches mules de velours festonnées de broderies moresques.

Elle rêvait ainsi, perdue au milieu de sa beauté, ressortant, toute suavement couchée, du fond sombre qui l'entourait, et, certes, à la voir si presque positivement exempte des soucis possibles, on n'eût pas deviné de quelle nature était l'effrayant rêve, le rêve inouï ! qui vivait dans son âme inexplorée.

Elle regardait depuis longtemps les torses démesurés sur lesquels miroitait la lumière de la veilleuse.

La soirée au dehors, s'obscurcissait.

Souvent, dans la campagne, un rayon de lune étreignant des ruines est une évocation. Les pierres vêtues de mousses et de souvenirs, paraissent avoir vu tant d'histoires et d'événements oubliés ! Les légendes s'éveillent, les bois et les bruyères se peuplent de visions et de murmures... des formes se promènent dans le silence. Pareille au savant qui reconstruisait les fossiles de la nuit du monde avec un fragment de leurs défenses, l'âme recrée alors les temples, les manoirs et les palais avec les débris d'une colonne, et la méditation touchant le vaste songe de l'existence, la grande mélancolie du Devenir enveloppe invinciblement l'esprit.

Ici, dans ce salon, l'entourage des cariatides semblait en exclure la sauvage majesté. Il leur manquait l'immensité, le spectacle de l'espace embrasé par le simoun. Ils paraissaient n'être plus environnés de la solitude des siècles... mais ils portaient avec eux tout cela pour Fabriana. Son âme suppléait aux déserts pour ces ruines. A sa volonté, la chambre devenait profonde ; sous son regard, les murailles se reculaient et se faisaient lointaines. Ces colosses noirs, arrachés aux tombeaux des rois d'Abyssinie et d'Égypte, réveillaient en elle des faits anciens. On eût dit souvent que leurs yeux avaient l'air d'échanger avec ses yeux une pensée sans nom, sans limites, sans espérance, glacée comme eux, triste de leur tristesse. Longtemps ils n'avaient eu que le pèlerin des bords du Nil à qui jeter de loin en loin une de ces réflexions que gardait leur silence et que leur aspect inspirait. A quels souverains les aïeux de Fabriana les avaient-ils achetés ?... Elle ne savait pas. Seulement elle aimait ces fronts douloureux parce qu'ils symbolisaient sans doute quelque chose pour elle.

Elle abaissa ses paupières et, comme en proie aux concentrations de l'esprit sur un seul point de vue, elle murmura ce seul mot :

— J'essaierai.

Quelques instants se passèrent.

— Au reste, ajouta la superbe songeuse, n'est-ce pas la seule réalité qui vaille la peine que je vive pour elle, maintenant ?...

Son regard se souleva de nouveau vers les vieilles pierres noires à figure humaine qui semblaient être pour quelque chose dans le fond de sa pensée, et elle continua de se parler d'une voix calme et pure, bien que très basse et à peine distincte :

— Essayons de rappeler les choses et les fantômes, puisque je vais vivre !... — Oui, le soir, lorsque dans les flots plombés du Nil s'assourdissait le bruit des rames de la barque impériale, quand l'air s'imprégnait des senteurs exhalées par les immenses floraisons que les esclaves nubiens plantaient autour de la vallée des tombeaux, — et que sur les hautes pyramides argentées par les nuits orientales brillaient, comme des phares du désert, les inscriptions des mages d'Osiris ; — lorsque les caravanes chargées de myrrhe, de gomme, de camphre et d'or, et venues de la Bactriane ou de la Perse, passaient confusément, au loin, dans l'étendue, avec leurs torches, leurs éléphants, leurs richesses et leurs esclaves ; lorsque, — à travers un mirage de sables, de verdures et d'étoiles, — le vent s'embaumait dans le feuillage des cèdres et des palmiers ; quand les phénix immortels volaient sur les sépulcres des pharaons ; enfin, lorsque le monde fut riche une fois dans sa vie, souvent, dès la tombée de la nuit, souvent la belle reine de l'Heptanomide antique aimait à s'attarder sur le fleuve.

Alors depuis les piliers d'Hercule jusqu'aux steppes boréales, le monde, avec ses peuples, ses rois et son mystère, en venait à cette femme !...

Son nom formulait toutes ces images.

Elle resta une minute sans parler et s'accouda sur le sphinx.

— C'était, je crois, la dernière enfant de cette dynastie trois fois séculaire des Ptolémées Lagides. Elle descendait du soldat macédonien jeté là par la funèbre indifférence d'Alexandre. Les excès avaient atténué en elle la pureté des lignes de cette beauté grecque transmise à sa race par le soldat.

Cependant, grâce aux philtres balsamiques et aux essences dangereuses que lui distillaient les prêtres, elle conservait sa pâleur ambrée et solaire.

Ah ! c'était la grande insensible. Elle s'accoudait au fond de la cange sur sa panthère favorite ; les roseaux bruissaient, obstrués par les alligators et les hippopotames. Elle reposait, vêtue de son astrale nudité, sur des étoffes dont les secrets du tissu n'ont pas été retrouvés, et qui étaient les présents des satrapes d'Asie Mineure. Comme le monarque assyrien, elle devait prouver, à huit cents ans d'intervalle, que la mort n'était pour elle qu'une esclave comme les autres. Le triumvir d'Actium ne devait pas orner son triomphe de cette vivante ! Toute lasse d'avoir lascivement étudié dans les salles souterraines de ses palais ce que ses esclaves pouvaient supporter de tourments sans mourir, elle réfléchissait. A ses pieds, jouait l'une de ses filles naïves élevées pour la servir d'une certaine façon et dont elle s'accommodait. Les vertiges des éblouissantes et profondes nuits entouraient cette reine, fille des terreurs, du silence et de la volupté ! Elle se perdait, inéblouie de sa propre majesté, dans quelque rêve que nul ne sondera jamais... C'était sublime.

Tullia Fabriana courba la tête, et après une seconde :

— O passé !... dit-elle comme un murmure.

Ces paroles avaient rendu la chambre fantastique.

— Vous êtes fidèles et vous gardez les secrets malgré les années sans nombre, statues aux bouches de pierre !... Mais lorsque vous souteniez les travées où les restes de ces rois des vieux mondes reposaient embaumés près du Nil, sans doute l'avez-vous vue passer ainsi, la grande reine !

Elle les regarda et reprit sa rêverie.

— O belle et sombre amie, je ne connaissais pas ton histoire, et cependant, lorsque j'entendis prononcer ton nom pour la première fois, je me souviens d'avoir tressailli, moi qui ne sais plus tressaillir. Mon âme était déjà révoltée d'être forcée de vivre dans ces siècles d'humiliation ! Dès ma jeunesse, en considérant l'humanité, je compris les larmes de Xercès et, comme les vieillards, je ne vivai déjà que du passé, ce spectacle ayant creusé dans mon cœur les rides que l'âge seul refusait à mon front. Mon âme n'est pas de ces temps amers ! Vous le savez, Esprits, vous qui êtes attentifs à ceux qui vous parlent sans étonnement, vous savez qu'aux récits de toute cette histoire il m'a semblé — plus d'une fois — que ma mémoire, abîmée tout à coup dans les domaines profonds du rêve, éprouvait d'inconcevables souvenirs.

Depuis cette heure, continua-t-elle après un silence, depuis cette heure où j'ai fixé mon avenir, je tiens compte, malgré moi, de la sourde hésitation de ma conscience, et j'essaie vainement de combler de longs intervalles. Mes jours se soudent à mes jours comme les anneaux d'une chaîne que je suis obligée de porter et qui m'accable sous son poids. Il me semble que depuis longtemps mon âme s'est brusquement arrêtée au milieu de je ne sais quelle route immense, et la terre me paraît lugubre comme une prison. Ah ! c'est cela, c'est cela surtout qui m'interdit ! Je souffre de vivre, n'ayant plus rien à tirer de la terre... et ne pouvant cependant pas m'en détacher.

Elle ferma les yeux pendant un moment de silence.

CHAPITRE XIII.

Ténèbres.

> « Le flambeau n'éclaire pas sa base. »
> (Proverbe arabe.)

Sombre, elle continua :

— Je pourrais m'en détacher ! N'ai-je pas ce talisman de liberté, cet anneau qui contient pour moi la nuit où personne ne travaille plus !

Et, s'interrompant, elle fit bouger un ressort de sa bague : une émeraude se dérangea, laissant voir quelques grains d'une poudre brune dans le chaton.

— Mais les spectacles les plus contraires ne

peuvent ni me distraire ni me troubler ; je n'ai pas besoin de l'anneau ; je suis parvenue, à force de lutte, à l'identité de moi-même. Pour l'empire du ciel, je ne saurais oublier la suprême tristesse de vivre ni descendre de la sphère où j'ai atteint. Les sympathies et les aversions des gens passent, indifférentes, devant ma solitude. J'ai commencé à mourir depuis longtemps ; l'horizon est assombri ; mon cœur est une grande mélancolie glacée : il me semble que je ne change plus.

Je ne frémis pas de ce que je n'aime rien, et c'est parce que je ne tiens à rien que je suis au-dessus de la plupart des souffrances. Je ne sais pas me satisfaire de ce qui dure peu ; je n'ai point d'enthousiasme pour ce qui finit ; je n'aime pas le bruit du vent dans les forêts ; je n'aime pas l'Océan ni les astres de la nuit ; je ne tiens guère à une beauté qui doit s'annuler d'elle-même et qui est à la merci du moment qui passe ; rien, désormais, de terrestre, ne me captivera.

En prononçant ces paroles, Tullia Fabriana s'était levée et avait allumé un candélabre. Elle marcha vers un angle de la chambre, en face d'elle, et souleva la tenture qui masquait cet angle. Une des lames de cèdre glissa dans la boiserie ; la marquise prit un livre dans cette case, et, posant le candélabre sur la table, elle vint reprendre son attitude sur le sphinx.

Elle ouvrit le volume et feuilleta les pages.

C'étaient environ cent feuilles de parchemin reliées entre deux plaques d'un métal noir et solide ; l'agrafe des fermoirs était enrichie de pierres précieuses ; c'était un manuscrit, bien que l'égalité des caractères semblât d'une perfection typographique.

L'écriture était précise, fine et serrée ; pas une rature. Les deux tiers seulement du livre étaient remplis.

— Cependant, continua-t-elle, malgré le peu d'intérêt que je leur accorde, il faut que je me souvienne de bien des choses, car si le secret des commencements ne m'est pas inconnu, si je suis au fait du mystère, si la Nécessité s'est révélée à elle-même en moi, je n'en reste pas moins la victime et je dois lutter contre elle jusqu'à mon dernier soupir.

Elle commença de lire silencieusement.

Voici ce qui était écrit sur la page :

« Note 112ᵉ : Retour de cette exploration en Bessarabie.

» Je venais de Kilia. Je rapportais sous ma cuirasse la bande de chiffres stellaires classée au rayon de l'Hermétique entre les signes cabires et les tables d'Éleusis, titre 21.

» En route, les bohémiens, sous la tente desquels j'avais dormi, m'expliquèrent des secrets de leur science augurale. Une des filles de cette tribu me fit présent de l'amulette d'asbeste qui éclaire les précipices et les cavernes, sans être enflammée. Le mince rouleau de mon ceinturon renfermait un riche herbier. Ces femmes, qui parlent à voix basse dans le désert, en avaient cueilli, elles-mêmes, et desséché les

fleurs précieuses ; je connaissais la vertu de chacune de ces plantes. Un soir, le troisième depuis cette rencontre, comme je les quittais, l'enfant qui s'était défaite pour moi de sa pierre magique et à laquelle j'avais donné un collier d'or, m'accompagna quelques instants. Elle conduisait mon cheval ; il faisait sombre. « — Tu
» es silencieux comme le sable, me dit-elle
» avec un son de voix familier ; moi, je lis
» l'avenir, comme toutes celles qui marchent
» sans avoir de pays : donne-moi ta main, tu
» verras. » Cette phrase me fit sourire ; j'ôtai l'un de mes gants, et, à cause de l'obscurité, je tins, au-dessus de la main ouverte que je lui présentai, l'amulette qui éclaire les abîmes. Au premier symptôme de saisissement qui parut sur ses traits — (sans doute à la vue du signe d'Isis au sommet du mont de Saturne ainsi que des puissances constellées qui couvrent le doigt d'Hermès et toute la percussion de ma main), — j'étendis cette main vers elle. Les paupières de l'enfant battirent ; elle roula endormie sur

l'herbe ; je rendis les rênes et je disparus dans les ténèbres. »

Tullia Fabriana s'arrêta ; puis elle murmura vaguement :

— Ce voyage m'a fait connaître une plaine de bataille dont j'aurai peut-être à me souvenir un jour.

Elle reprit sa lecture.

« Quelque temps après (j'ignore sous quels parallèles des frontières d'Asie je me trouvais lorsque ceci m'arriva), j'avais passé les montagnes et j'étais, par une claire nuit d'Orient, dans une profonde et silencieuse forêt. A travers les branches, je regardais par moments la Croix du Sud, afin de continuer mon chemin vers la Perse ou la Syrie.

» Et, perdue dans la pensée, j'observais un point fixe de la Notion à laquelle j'étais déjà parvenue. Je méditais sur la correspondance de l'Universel, du Particulier et de l'Individuel avec l'Identité, la Différence et la Raison d'être, antérieurement présupposées et reconstituées en moi par l'Esprit. J'étais plongée dans l'Abstraction visionnaire, et, saisie par l'Immensité, je ne m'aperçus pas de ce qui me menaçait. Le cheval, effrayé brusquement soit par la voix lointaine d'un tigre, soit d'un bruissement d'écailles sous l'herbe, s'était emporté, et, tête baissée, dans les vertiges de son élan, il m'entraînait avec sa course furieuse au milieu de dangers invisibles, à je ne sais quelle mort imminente.

» Un instant, la nuit me tenta. La dent des bêtes fauves ou les nœuds des serpents me séduisaient aussi bien que telle autre maladie. La mort ne me surprenait pas ; ici ou ailleurs, peu m'importait. A cette heure-ci plutôt qu'à celle-là, sous l'océan, sous les feuilles ou sous terre, cela m'était devenu indifférent. S'il me restait un désir, c'était de reconstruire tout à fait les choses avant de les quitter, mais je n'y tenais même pas, sachant que je contenais déjà virtuellement leur explication absolue. Cependant j'avais dit aux Esprits que j'attendrais, je ne voulus pas accepter la mort. Je me recueillis immédiatement dans la Science du Feu, et je calculai mes forces d'enchantement.

» Ayant autour de moi, dans l'éther, les vertus de la chasteté, ayant les six jours de jeûne derrière mes paroles, ayant enduré la soif pendant ces six jours et m'étant baignée la nuit précédente, ma main traça dans l'air, à tout hasard, les signes convenus, depuis les temps, entre les vivants et les morts. Le cheval s'arrêta, décrivit un cercle et s'abattit au milieu d'une clairière immense et lumineuse. Je me croisai les bras, debout et les yeux fixés sur la nuit ; je prononçai, en chantant, les grandes paroles de l'Incantation, certaine que j'allais être tirée de péril par quelque chose d'inattendu.

» En effet, au-devant de moi, dans le lointain, je vis apparaître un vaste éléphant ; il accourait. Quand il fut arrivé tout près de moi, je lui montrai le Sud.

» Il me prit par le milieu de mon corps,

m'enleva du sol et me posa doucement sur son dos. Des lianes et des feuilles épaisses y étaient assujetties, c'était un lit de repos. Pendant que j'examinais cela, je sentis qu'on me touchait l'épaule ; c'était mon cimeterre qu'il avait ramassé et qu'il me tendait.

» Je me couchai et m'ajustai, pour ne pas tomber, avec les longues lianes qui pendaient sur ses flancs : une fois bien attachée, je m'endormis, étant fatiguée, après avoir marqué dans ma mémoire le point de la Notion où j'étais restée avant cet incident. A mon réveil, le soleil était au zénith ; des palmiers, une ville d'Orient s'élevaient dans la solitude, à l'horizon. J'étais en Turquie d'Asie, c'était Bagdad. Je dénouai les lianes autour de mes membres et de mes reins ; il me reprit comme la veille (je dis *la veille*, mais je ne sais pas le temps que dura mon sommeil : deux ou trois jours peut-être) et me posa doucement à terre. Je lui fis signe qu'il pouvait me quitter; il disparut, me laissant aux portes de Bagdad.

Le shimiel soufflait ardemment ; je fis quelques pas, et je m'étendis auprès d'une fontaine ; une femme d'Arménie me donna à boire. Le soir même, je me retrouvai dans le palais du scheik Ismaïl, près des bazars ; nous causâmes de cette souveraineté du pachalik de Bagdad, qui est déjà presque indépendante du gouvernement de la Porte-Sublime. Je lui parlai aussi de l'Europe : Ben-Ismaïl fut plein de distinction et d'amabilité. »

Tullia Fabriana ferma le livre.

— A quoi bon ? dit-elle ; est-ce que je puis m'oublier ?...

Elle se leva, replaça le sombre journal dans la case secrète, la tenture retomba. La marquise revint vers le sphinx ; elle resta debout cette fois, la tête penchée, les paupières baissées.

Évidemment, bien que sa figure n'exprimât rien, son âme s'était rembrunie jusqu'au terrible : elle songeait.

CHAPITRE XIV.

L'éternel féminin.

> « L'eau qui danse, la pomme qui chante et le
> petit oiseau qui dit tout. »
> PERRAULT.

— Maintenant, dit-elle, vers quel but précis et absolu doivent tendre le déploiement de ma volonté, l'expansion de mes forces et les déterminations de mon esprit ?

» Je sais que le triomphe des vastes desseins ne dépend pas de ce qu'ils peuvent présenter de stable et d'élevé ; le rêve doit s'incarner dans l'exécution, dans le mécanisme froid de l'accomplissement, et ce sont les résultats qui lui assignent sa valeur ; l'idéal n'a d'autre juge que lui-même. Chacun regarde un idéal ; chacun doit tout faire, tout braver, tout sacrifier pour l'accomplir ; mais, en soi-même, il ne faut pas tenir à l'accomplir. Tous les rêves s'entre-valent ; la réussite pose la différence extérieure ; mais si le passé n'est rien, qu'est-ce donc que ce qui se passe ? C'est être dans l'incapacité que de se définir sur une seule pensée.

» Je sais le but, et, quant à l'exécution, je ne dois pas, jusqu'à présent, me reprocher de négligences. J'ai marché, suivant les lois de la nécessité, vers sa complete réalisation. Qu'est-ce que j'espère ?... Qui me jugera parmi ceux qui respirent ? Quelle bouche peut, sous le soleil, proférer contre moi un anathème terrible ?

» Ah ! le convive nocturne n'est pas venu souper avec moi dans Emmaüs ; il n'a point laissé tomber sur mon front ses formules de miséricorde ; il ne s'est pas transfiguré devant mes yeux sur les collines de Sion ! Et cependant, Fils de l'Homme, et moi aussi j'ai bu l'eau du torrent ! Les vivants ont jeté leurs ombres sur celle qui parle toute seule dans les ténèbres. Comme vous, j'ai regardé doucement les souffrants et les faibles ; comme vous, Emmanuel, je fus tentée sur la montagne. Vous savez par quels actes et quels recueillements j'ai sanctifié, moi aussi, le jour du Sabbat ; vous savez si, comme vous, j'ai prévu toutes choses, autant qu'il m'a été possible, pour que tout fût accompli. »

Sa voix était comme un souffle guttural d'une limpide et harmonieuse égalité : elle mêlait plusieurs langages sans y faire attention. Elle parlait si bas qu'il eût été impossible de distinguer un mot à quelques pas du sphinx. Elle ne paraissait pas émue, seulement l'éclat de ses yeux s'était perdu en dedans jusqu'à rendre leur expression atone.

« — Ce n'était pas un homme, — un homme ayant cinq à six mille ans de croyances dans les veines et qui, se supposant penser seul, n'accepterait la Force que pour se distraire ?...

— Inutile. Cela me fatiguerait de le faire massacrer dans les souterrains à coups de hache par mes Faces de plomb, le soir d'un Couronnement. C'était un enfant que je désirais : des yeux fiers, un sang riche, un front pur, une conscience, oui, c'était cela.

» Esprits, dit-elle, vous le savez. Lorsque cette pensée me vint que je pouvais être utile, j'allais devancer l'Heure et quitter ce monde où jusqu'alors m'avait seulement retenue l'espérance de m'intéresser à quelque chose. J'avais pressé la sphère des rêves extérieurs, et ses deux pôles, glacés ou torrides, me semblaient stériles. Nul aimant ne m'attirait ; la tranquillité de ceux dont le mouvement passe inaperçu d'eux-mêmes et qui, remplissant le métier qui leur donne le pain, demeurent à peu près satisfaits d'être venus, — ah ! cette tranquillité, je ne pouvais la ressentir. Mes regards ne s'arrêtaient que par intervalles, et refroidis, sur les formes d'une nature qui ne me touchait plus. La pensée unique et fixe du suicide s'était roulée et enlacée autour de moi, comme un serpent autour d'un marbre. Rien ne me semblait valoir la peine d'une palpitation ; je ne voyais que l'impassible Devenir. Les insectes que j'écrasais, sans le savoir, en marchant, les sueurs funèbres et les souffrances de mes pareils, que coûtait la condition où je suis liée, les êtres dont la mort, les privations ou les travaux étaient fatalement nécessaires à mon souffle inutile, excitaient en moi trop peu d'enthousiasme pour que je ne dusse pas me « faire justice » en les quittant.

» Cependant, vous le savez, par une concession suprême, je ne désespérais pas d'une sensation en rapport avec mon esprit et pouvant l'intéresser dans la profondeur de son souverain désenchantement. Esprits ! je vous l'avais demandée ; mais comme ce pouvait être une faveur... »

Une draperie fut écartée par un bras blanc : c'était Xoryl. Elle s'approcha de Tullia Fabriana et lui tendit une patère d'émail.

— Voici deux lettres, dit-elle. L'armoirie violette est apportée par le secrétaire du nonce-légat : (Regrets et contrariétés de son Éminence, etc.)

Le billet scellé d'un cachet noir, par un laquais en livrée de deuil.

La marquise prit les deux lettres.

L'enfant se retira.

Tullia Fabriana regarda le cachet noir avec une certaine attention.

Elle parcourut l'autre lettre, qu'elle laissa tomber, et elle continua :

— ... dangereuse, pour moi-même, puisque ce devait être une limite d'un instant, je m'étais abstenue d'employer, de ma propre autorité, les signes qui gênent la Nature et dont les effets ne se suspendent plus. Je vous avais soumis ce vague, cet unique et dernier désir en vous assignant un terme à partir duquel je devais cesser d'attendre son accomplissement. Si, dans le délai marqué, cette sensation ne m'était pas accordée, je devais penser qu'il importait peu que ce dernier pan du voile fût arraché pour moi, ici. Vous le savez : en tant que revêtue de l'organisme de la série humaine, je relève de toutes ces lois qui, parties des rapports infinis, viennent s'entrecroiser autour de ma volonté, et j'avais fixé un jour pour en finir avec elles absolument.

Donc, ce soir, seule, renfermée dans le tonnant incendie de ce palais, j'allais boire la poussière de mon anneau. Que le vent dispersât les atomes insaisissables de mon corps, que l'ombre reçût les lignes de ma forme, que mon esprit rentrât dans l'anéantissement divin de son unité, telles étaient, pour moi, les décisions dictées par la véritable sagesse.

Mais, Esprits, vous avez bien voulu satisfaire le désir de celle qui vous parle, et vous avez envoyé celui qu'elle attendait. Je ne le cherchais pas, je ne voulais pas le chercher ! Ne devait-il pas venir de lui-même et à son heure ! Ah ! l'Enfant !... je me suis plue à parsemer son chemin, d'avance, des choses les plus attrayantes pour les enfants, étant sûre qu'il viendrait tôt ou tard, selon les pressentiments anciens ! Je vous remercie, Esprits sublimes, qui présidez aux déterminations de toute virtualité, je vous remercie de m'avoir choisi vous-mêmes et amené cette aimable créature la veille du jour prescrit ! Je vous félicite et je suis bien aise de sa beauté ; mais son âme est neuve et profonde ; elle ne demande que de s'emplir et que de vivre !

Quels trésors d'ingénuités célestes doit posséder cette intelligence toute gracieuse ! Tout ce qu'elle voit se couvre d'un prisme de rayons et d'insouciance ; elle est pareille à l'une de ces forêts vierges de l'Idéal, où le premier voyageur, dès son premier pas et sa première chanson, est accueilli par les concerts enchantés de ses brises, de ses fleurs et de ses oiseaux, sortis des mille échos de ses taillis, de ses fleuves et de ses profondeurs harmonieuses.

Que va-t-il arriver maintenant ? Puissances qui vous intéressez au mouvement de ce système déterminé du ciel, à cause des souffrances qu'il signifie !

Je ne pense pas l'ignorer.

Il arrivera d'abord que cet enfant *me verra par ses yeux et selon lui ;* je ne serai en réalité que l'occasion du déploiement de sa pensée ; il se créera un être ineffable et indicible à mon sujet, et ce fantôme paré de toutes les notions vives qui lui sont propres, de la beauté absolue, sera le médiateur qu'il prendra pour moi. Ce qu'il aimera ce ne sera point moi, telle que je suis, mais cette personne de sa pensée que je lui paraîtrai. Sans doute, il m'accordera mille qualités et mille charmes étrangers dont je serais peu satisfaite si je les avais ; de sorte que, en croyant me posséder, il ne me touchera même pas réellement.

Ainsi est la loi des êtres dont le regard mental ne dépasse pas la sphère des possibilités, des formes et des espérances ; ils ne peuvent sortir d'eux-mêmes dans leurs amours mystérieux.

Effacer ce rapport de manière à ce que nous puissions nous joindre tels que nous sommes, dans l'Esprit, voilà quelle est la solution de la première face du problème.

Pour cela, je dois devenir réellement sa vision ; il aimera mon reflet ; il faudra que j'anime ce reflet en m'y réalisant impersonnellement, en brisant les barreaux de sa prison, en remplissant de nouveau son sablier avec le mien. Je dois être morte pour lui d'abord, et me survivre selon lui.

Si j'essayais de lui dévoiler la vérité, je passerais parallèlement à côté de lui à jamais, parce que cette vérité, modifiée à l'instant par son esprit, ne serait plus ce qu'elle doit être. Il ne la comprendrait que selon tel cercle, et alors il aurait raison de ne pas l'aimer. Elle l'attristerait, parce qu'elle ne lui paraîtrait pas en rapport avec la vision qu'il conçoit, avec l'idéal qu'il nomme de mon nom ! Il faut donc que je veille pour déformer, par des transitions obscures, cette vision jusqu'à la réalité. Il faut que son idéal soit agrandi par un ensemble de réflexions nouvelles pour se trouver au point de vue où je suis. Alors il lui sera donné de voir celle qui l'attire.

Si j'avais eu du temps à perdre, j'eusse presque regretté de ne pouvoir aimer.

N'est-ce rien, d'ailleurs, que de préserver le plus longtemps possible cette belle vie, toute jeune, des ennuis amoindrissants ? N'est-ce rien que de considérer la plus noble chose de ce monde s'émouvoir, admirer, s'étonner, rêver, palpiter, pour une image, pour un enchantement, pour une chose qui brille et qui ravit ceux qui ne *voient* pas encore ? C'est dit. Je m'efforcerai de vivre un instant.

Pardonnez, ô vous qui ne daignez pas vivre, si j'ose faire d'avance en lui la preuve de la mission que je me suis assignée. Qu'ai-je à préférer si ce n'est de rendre cet enfant le plus idéalement satisfait de tous ceux qui sont et seront sur ce grain de boue éteinte ? A lui, donc, sceptres, hochets et couronnes glorieuses ! A lui puissance, amour, jeunesse et tressaillements éperdus ! A lui la plus large part au soleil des vivants ! A moi la contemplation paisible de toutes les beautés qu'il verra, — qu'il se créera, dans ces choses, puisque je consens à regarder la vie par ses yeux pendant quelques moments !

Alors, quand ce premier et inévitable cercle de la Forme sera passé, quand je serai sûre de l'avoir fait monter les degrés du monde surnaturel et que les paroles que je prononcerai, n'ayant pour lui d'autre sens que le sens de leur expression, ne se changeront pas de mille manières dans son esprit, alors, — les temps seront venus de l'Action ! — Son trône, assis sur la lutte souterraine que je soutiendrai, couvrira l'Italie, et, de là... ce ne sera point la première fois que l'Italie s'étendra sur le globe. Un jour peut-être, grâce à cette femme qui passera inconnue... — Est-ce que la nature n'est pas à qui veut la prendre ?... Qu'est-ce que l'impossible ?

Oui, souvent mes regards ont pénétré les siècles, les climats et les âges ; j'ai vu les pages de l'Avenir ; j'ai compris les temps fatidiques, entrevus par les Scaldes inspirés qui chantaient dans les montagnes de la Scandinavie ; leurs chants, inscrits et conservés en runes, dans les sagas du Nord, parlent de guerriers assis parmi les Ases, dans le Valhalla divin. Ne sont-ce pas les hommes se baignant dans la gloire et dans la sève du monde, au milieu des torrents qui reflètent les soleils, et rafraîchissant leurs fronts immortels durant les fauves nuits où chante la tempête, aux souffles de l'INFORME DIEU ?

Elle baissa la tête et rêva profondément.

Neuf heures sonnèrent dans le lointain.

— Je n'hésite pas, dit-elle.

Et elle ajouta :

— Vous, rappelez-vous.

Elle attendait, silencieuse et concentrée depuis quelques minutes ; ses paupières étaient closes, mais elle ne dormait pas.

— Il vient..., dit-elle encore.

Et, après un silence, elle murmura des lèvres seulement :

— Le voici.

———

CHAPITRE XV.

Cras ingens iterabimus æquor.

— Monsieur le comte de Strally-d'Anthas ! vint annoncer Xoryl à demi-voix.

La veilleuse éteinte, elle posa une lampe sur la table.

Wilhelm se présenta sur le seuil : elle sortit, la draperie retomba.

L'élégance est une force. Il portait, suivant les modes admirables de ce temps, un costume de velours noir brodé à la ceinture de fines passementeries d'or et une épée choisie. La plume blanche de sa toque était fixée par une pierre précieuse ; ses gants et ses bottines laissaient deviner des mains et des pieds de race. Ses cheveux noirs se disposaient bien sur son front. Il avait des yeux expressifs, d'un bleu foncé, tout brillants de vie ; une âme s'y peignait déjà élevée et un esprit pénétrant. Son nez droit lui donnait l'angle facial des types romains ; ses dents et la blancheur de sa peau ressortaient par le duvet noir qui luisait sur sa lèvre supérieure. Il avait les sourcils noirs et bien arqués. Il était bien fait ; sa haute taille, la souplesse de ses mouvements annonçaient une vigueur développée et des muscles d'athlète. Comme pour adoucir la sévère beauté de son visage, son sourire était d'une modestie et d'une timidité d'enfant. Ceci était une chose auguste : les hommes d'une grande valeur se voilent quelquefois de ce sourire charitable ; alors c'est d'une force accablante, et cette humilité constate mieux, pour les esprits clairvoyants, ce que nous appellerions volontiers la puissance d'horizon, que les arrogances possibles. Enfin le comte Wilhelm semblait n'avoir aucune pensée qui ne fût bonne et ingénue.

Autrefois un pareil enfant représentait la plus haute affirmation de la dignité humaine. Il fallait des siècles pour arriver à produire son individualité. C'était une résultante des hauts faits et de l'intègre probité d'une série d'aïeux dont la glorieuse histoire et les vertus domestiques s'évoquaient à son nom. C'était un encouragement vivant à la persévérance, une émulation donnée aux familles. Aujourd'hui les organisations financières sous lesquelles apparaît toujours le phénomène providentiel du premier occupant, phénomène incontrôlable, malgré son illégalité, puisqu'il se pose de force comme principe de tout droit jusqu'à présent ; aujourd'hui, disons-nous, le déclassement des personnes et le culte de l'excellence progressive ont détruit, dans la plupart des endroits, et finiront par détruire complètement cette grandeur sociale.

Mais nous avons mieux. Il nous est permis de saluer, dans ce siècle, une jeunesse reconnue presque universellement pour la droiture de ses mœurs, la franchise de sa tenue, la noblesse de ses œuvres.

Quel triomphe pour les familles qu'une génération de si haute espérance !

Dieu en soit loué, la santé qui règne dans les amours d'aujourd'hui promet des virilités admirables ; ce sera sans doute comme les pousses de ces végétations luxuriantes des tropiques.

Le jeune homme, un peu déconcerté du demi-jour répandu par la lampe et de l'ameublement du salon, fit quelques pas vers Tullia Fabriana.

— Madame la marquise, dit-il, je me suis constamment rappelé, depuis hier, la permission que vous avez daigné m'accorder...

Et il s'inclina.

Elle lui tendit très gracieusement, du bout des doigts, la fleur à baiser.

— Asseyez-vous, comte ; vous voyez, je suis seule.

Il s'avança l'un des coussins doubles, de forme et d'ornements arabes, puis il la regarda.

— Le prince a dû partir cette nuit, continua la marquise, mais il vous reste une belle amie, la duchesse d'Esperia. C'est une bien aimable personne, n'est-ce pas, monsieur ?

Son attitude abandonnée et son accent tranquille avaient ému le jeune homme, mais il voulut paraître froid, de peur de déplaire.

— Ne lui dois-je pas de vous voir, madame ? répondit-il.

Elle abaissa lentement son regard sur lui ; ce fut une décision.

La nuit dernière a compté pour des années, pensa-t-elle ; ce n'est pas seulement la fièvre qui anime ces yeux plus calmes : voici la trace déjà laissée par les premiers rêves de la passion qui ne peut s'éteindre que sous un religieux mépris ; — c'est bien.

Son âme planait au milieu de ses pensées

comme un aigle dans les ténèbres ; mais, sûre
d'amener d'une façon bienséante l'instant qu'elle
désirait, elle jugea très inutile de le différer.

— On donnait ce soir un opéra de Cimarosa ;
vous m'avez sacrifié cette merveilleuse musique ?

— Je vous entends parler, madame, dit-il
d'une voix un peu tremblante.

Les affinités de la voix et de la pensée dont
elle savait distinguer les transitions par un
magnétisme intuitif lui révélaient la fiévreuse
et naïve comédie où s'efforçait le comte, et, ne
s'en affligeant pas, elle lui pardonna par sympathie cette innocence de compliments et leur
transparente politesse. Le jeune homme paraissait, en style du monde, lui « faire la
cour » ; mais sa voix, à son insu, exprimait
la profonde émotion qu'il éprouvait.

— Êtes-vous musicien, monsieur le comte ?...
dit-elle.

— Souvent, répondit Wilhelm avec un sentiment de mélancolie, souvent, après une journée
de chasse et de fatigue, lorsque je m'en revenais

tard et que j'étais seul dans les montagnes, je chantais pour abréger le chemin.

Le jeune homme ne s'aperçut pas de la bizarrerie de sa réponse.

— Eh bien, dit Tullia Fabriana, lorsque vous êtes entré, je regardais cette harpe... (Il se retourna et aperçut tout près de lui une grande harpe noire qu'il s'étonna de ne pas avoir remarquée en s'asseyant.) — C'est un instrument admirable ; mais je suis un peu fatiguée ; chantez une petite chose allemande, voulez-vous ?

Ces quelques mots détaillés par des inflexions d'une froideur enchanteresse produisirent sur Wilhelm un effet qui se traduisit par un éblouissement et une pâleur.

La marquise se leva ; elle s'approcha de la fenêtre dans ses vêtements blancs et soutenant d'un bras les flocons de batiste sur sa poitrine. Les belles boucles de cheveux dorés se soulevaient à peine au vent tiède ; on entendait le murmure des feuilles épaisses et parfumées ;

pas un chant de rossignol. Un coup de cloche, annonçant la prière et le sommeil, tinta, dans le lointain, au monastère de San-Marco.

— Quelle tranquillité dans le ciel !... dit-elle doucement ; et, après un instant de silence : Une nuit de printemps !... Savez-vous quelque chose sur la nuit, monsieur le comte ?

— En voici une, madame.

Et il chanta :

> La nuit au brillant mystère
> Entr'ouvre ses écrins bleus :
> Autant de fleurs sur la terre
> Que d'étoiles dans les cieux.
>
> On voit ses ombres dormantes
> S'éclairer à tous moments
> Autant par les fleurs charmantes
> Que par les astres charmants.
>
> Moi, ma nuit au sombre voile
> N'a pour charme et pour clarté,
> Qu'une fleur et qu'une étoile :
> Mon amour et ta beauté !

C'était une mélodie lente et douce ; mais quelque chose de tout à fait inattendu en altéra la simplicité.

Aux premiers accents, un profond murmure courut autour des cordes de la harpe ; elle s'émouvait en vibrations insensibles, et, tout à coup, le sens de la romance lui sembla se déformer en une signification inconnue ; son chant creusait un tourbillon autour de lui.

Les singulières paroles qu'ils venaient d'échanger, la sombre richesse qui les entourait, les formes noires que Wilhelm distinguait vaguement au plafond sans pouvoir s'expliquer ce que c'était, la lividité que sa main dégantée avait prise en s'appuyant au bord de la table d'ébène, la tête énorme du sphinx, encadrée de bandelettes de pierre et dont les yeux immobiles s'attachaient sur lui, les attraits de cette femme qui le transportait d'amour, et qui, avec les seules et profondes harmonies de sa voix, lui bouleversait frénétiquement le cœur, tout cela ne formait-il pas l'ensemble de quelque magnifique rêve oriental comme l'une de ces fictions créées par la lecture des sourates du Koran, où le prophète parle de pavillons et de péris mystérieuses ?... Il frémit, et ses yeux se fermèrent à la dernière strophe.

Quelques moments après, en rouvrant les yeux, ses regards tombèrent sur la lampe. Ils se fixèrent sur sa lumière reflétée par les vases d'or avec un pénible sentiment de solitude.

Que s'était-il donc passé ?

Pareil à ce Simbad des légendes de l'Asie, le jeune homme était transporté dans les pays du prestige, des rêves, des merveilles et des pressentiments. L'immense chambre ressemblait à celle où la reine Cléopâtre laissait entrer ceux qu'elle remarquait ; derrière la porte veillait peut-être silencieusement le grand bourreau nubien aux muscles de bronze et à la hache dangereuse. Les parfums des charmeresses antiques, un arome riche et subtil, une senteur de baumes, de styrax et de roses, l'étourdissaient.

Et une Vision, fulgurante de relief et de profondeur, s'éleva devant ses yeux :

Il lui sembla que le palais était devenu très

ancien ; des lierres couvraient son front foudroyé ; ses façades en ruines étaient cachées par la mousse ; cependant le vieil être de pierre rappelait encore sa forme ; il avait celle d'un homme couché, les membres étendus, sur une montagne. En proie aux désolations lointaines, la Nuit se chargeait maintenant de l'ensevelir dans son linceul ; le Ciel, drap mortuaire, parsemé des grands pleurs de feu qui roulent incessamment sur sa face, était jeté sur sa solitude ; pour lui aussi, le Néant bâtissait, dans l'impérative éternité, son vague mausolée d'oubli. Et le vieux palais ressemblait à l'un de ces géants dont la barbe et les chevaux poussaient dans le tombeau.

Mais s'il se dressait sombre et dévasté, les jardins resplendissaient au clair de lune ! Les arbres et les fleurs étaient d'une féérique beauté ; au loin, dans l'étang profond, Tullia Fabriana se baignait au milieu des eaux de cristal.

C'était bien elle ; ses longs cheveux étaient

déroulés sur son dos nacré, les rayons filtrés à travers les cyprès miroitaient sur elle toute; et elle semblait, de temps à autre, syrène fastueuse des heures noires, se ployer, avec des mouvements délicieux, dans une vapeur de diamants. Les cygnes, attirés par sa blancheur, venaient polir leurs ailes contre ses flancs et ses bras; il se vit, lui-même, pâle et les yeux fermés, nageant auprès de la marquise, et mettant le pied sur les marches de marbre, pour sortir avec elle de l'étang. Et la Vision continua.

Ils marchaient maintenant ensemble dans les allées. Les immenses lilas balançaient, au-dessus de leurs têtes, leurs grosses touffes humides et assombries; l'air était embaumé par les vastes ombrages des charmilles. Ils marchaient, entrelacés, sous les regards dorés des étoiles; les lévriers et les chevreuils réveillés venaient jouer autour d'eux à leurs pieds; leur nudité se détachait sous les feuilles comme celle d'un couple de marbres antiques. — On eût dit que deux statues du jardin profitaient des ténèbres pour revivre. — Leurs lèvres se touchaient parfois sans bruit, dans l'ombre, et sans parler ils s'entendaient.

Et en effeuillant des roses blanches sur les épaules de la grande enchanteresse, il lui disait :

« — Ton amour est un ciel dont je ne doute pas : un baiser de toi, c'est l'infini !... »

Et elle ne répondait pas, mais elle lui faisait lentement signe de regarder ce qui se passait.

Et leurs corps s'atténuaient jusqu'au fantôme ; une sourde oscillation agitait les profondeurs métalliques de la nature ; le relief de toutes choses s'effaçait graduellement, comme lorsqu'on meurt ; la Vision devint ombre et fluide, et tout disparut dans l'empire du Nirvanah.

Le comte Wilhelm passa la main sur son front et se retourna vers la croisée.

L'obscurité de la nuit s'était approfondie au dehors ; pas un bruissement de feuilles dans les jardins, pas un souffle d'air ne venait dans l'appartement par la croisée toute grande ouverte.

Il essaya, sans se rendre compte de son mouvement, de regarder le ciel ; il n'y en avait plus. La nuit s'était faite noire, et c'était un silence extraordinaire, un silence d'abstraction, dans lequel les dernières vibrations de la harpe se mouraient faiblement, harmonieusement...

Ce fut alors qu'il oublia un peu d'aimer pour réfléchir à son insu, et qu'il osa regarder en face de lui.

Depuis la voûte élevée de l'appartement jusqu'à ses pieds, l'atmosphère s'était partagée en deux zones absolument disparates.

La lumière de la lampe l'éclairait lui et toute la partie où il se trouvait ; et il apparaissait comme dans une effusion rayonnante. La partie où devait être Tullia Fabriana roulait des reflux d'ombres ; c'étaient des vagues d'obscurité, lourdes et surtout comme lointaines. Il ne voyait ni le sphinx ni la femme. Il fit un pas ; il aperçut les cariatides, et il lui sembla voir remuer leurs yeux terribles ! Malgré son front lisible et son sourire jeune, il lui sembla que ce n'était pas d'hier qu'il éprouvait le sentiment vertigineux de la vie, et qu'il avait magnifiquement souffert autrefois, dans un passé.

Alors, avec un geste éperdu et comme écartant une draperie de ténèbres, il entra, chancelant, dans les vastes ombres.

Et il vit s'élever, avec lenteur, devant lui, dans ces mêmes ombres, comme un autre geste enveloppé de voiles ; il eut l'impression de deux bras qui se joignaient, — oh ! douloureusement ! — autour de son cou. Une forme aux blancheurs radieuses attirait son front vers elle..., et ce fut l'essaim des pâles joies infinies, le tremblement des rêves divins, le supplice...

Ce soir-là le comte de Strally-d'Anthas s'anuita chez la marquise Tullia Fabriana.

TABLE

	Pages.
Italie	11
Celui qui devait venir.	17
Promenade nocturne	31
Premier aspect de Tullia Fabriana . .	57
Transfiguration	73
Étude d'enfance	81
La bibliothèque inconnue.	95
Isis.	129
La présentation	153
Le palais enchanté	171
Aventures chevaleresques.	199
Fiat nox.	213
Ténèbres.	227
L'éternel féminin.	237
Cras ingens iterabimus æquor	251

Des presses de Math. Thone,
imprimeur-éditeur, 13, rue
St-Jean-Baptiste, Liége.

www.ingramcontent.com/pod-product-compliance
Lightning Source LLC
Chambersburg PA
CBHW050337170426
43200CB00009BA/1633